COURS SUPÉRIEUR COMPLET

DE

DESSIN LINÉAIRE

D'ARPENTAGE ET D'ARCHITECTURE,

DESTINÉ

Aux Maisons d'Éducation des deux sexes, aux Écoles élémentaires et supérieures des villes et des campagnes, aux Écoles normales primaires des départements, aux Cours d'Adultes et aux personnes qui s'occupent du Dessin.

PAR

HENRY (DES VOSGES),

Professeur de Dessin linéaire et d'Architecture, ancien Maître de pension à Paris, ex-Directeur de l'Enseignement mutuel de Neufchâteau, etc.

Quatrième Série.

SERRURERIE ET QUINCAILLERIE.

PARIS,

Chez l'AUTEUR, 9, rue du Figuier-Saint-Paul, près du collége Charlemagne;

MAUGARS, Librairie et Papeterie classiques, 32, rue Sainte-Croix-de-la-Bretonnerie.

1846.

Typ. de H. Vrayet de Surcy, rue de Sèvres, 37.

Quatrième Série.

PARAGRAPHE Ier. — SERRURERIE.

NOTIONS PRÉLIMINAIRES.

La Serrurerie est l'art de fabriquer tous les ouvrages de fer forgé qu'on emploie dans les bâtiments, tous ceux qui entrent dans la construction des machines de toute espèce, et presque tous les ustensiles en usage dans les arts et métiers.

Le *serrurier* tire son nom de la fabrication des serrures; en effet, elles forment le principal objet de son travail et de son commerce; mais l'art du serrurier s'applique à une multitude infinie d'autres objets, et l'on peut dire que, considéré sous ce point de vue, il n'y a guère d'arts plus étendus.

Un bon serrurier doit connaître et employer à propos les différentes qualités de fer; car le fer doux ne doit pas être employé de la même manière que le ferme : l'un veut être plus chauffé que l'autre, et parmi les fers aigres il y en a de plus cassants les uns que les autres.

Il faut aussi qu'un serrurrier ait une certaine connaissance du dessin pour les ouvrages qui demandent du goût et du génie, tels par exemple, que ces grilles, ces balcons, ces portes, etc., où la richesse des ornements et de la décoration doit se trouver réunie avec la solidité de l'ouvrage.

Tout le travail du serrurier consiste dans le talent de bien forger son fer, de le souder au besoin, de l'étamper, de le limer et de le polir selon sa destination.

PREMIÈRE LEÇON.

PRINCIPAUX OUTILS DE FORGE.

On ne peut faire ici l'énumération de tous les outils dont se servent les serruriers; on se bornera à ceux dont les bonnes boutiques sont pourvues. D'ailleurs les ouvriers imaginent chaque jour de nouveaux outils selon les circonstances, et cela est un point important de leur savoir, surtout quand ils ont beaucoup d'ouvrages semblables à faire.

Voici le détail des principaux outils de forge :

Fig. 1. *La forge*; c'est le premier et le plus nécessaire. A, le foyer. B, la cheminée. C, l'auge. D, le soufflet.

Fig. 2. La *grosse enclume*. A, le billot. B, la surface de l'enclume. C, la bigorne ronde. D, le trou. E, l'empatement.

Fig. 3. La *bigorne* ou *petite enclume*. A, la tige. B, la bigorne ronde. C, la bigorne carrée. D, l'embase. E, le billot.

Fig. 4. Le *tranchet*. A, le taillant. B, la queue.

Fig. 5. Le *tasseau d'enclume*. A, la tête. B, la pointe.

Fig. 6. La *griffe d'enclume*. A, la griffe. B, la queue.

Fig. 7. L'*étampe*. A, l'étampe. BB, les talons.

Fig. 8. L'*étampe de boutons ou de vases de fiches*.

Fig. 9. Le *tisonnier fourchu*. A, la tige. B, la boucle. C, le crochet.

Fig. 10. Le *tisonnier pointu*. A, la tig. B, la boucle. C, la pointe.

Fig. 11. Le *goupillon*. A, la tige. B, la boucle. C, les branches.

Fig. 12. La *pelle à charbon*. A, la tige. B, la palette.

Fig. 13. Le *pic de forge*. A, la tige. B, la poignée.

Fig. 14. Le *ciseau à froid*. A, le taillant. B, la tête.

Fig. 15. *Hart portant un ciseau*. A, la hart. B, le ciseau.

Fig. 16. *Tenailles à rouleaux*. A, les mors. B, les branches.

Fig. 17. *Tenailles croches*. A, les mors. B, les branches.

Fig. 18. *Marteau à devant*. — Fig. 19. *Autre marteau à devant à traverse*. — Fig. 20. *Marteau à main*. — Fig. 21. *Marteau à bigornet*. — Fig. 22. — *Marteau à tête ronde*. A, les têtes. B, les pannes. C, les yeux. D, les manches.

Fig. 23 et 24. *Dessus d'étampes de vases et boutons*.

Fig. 25. *Tranche*. — Fig. 26. *Langue de carpe*. A, les taillants. B, les têtes. C, les manches.

Fig. 27. *Poinçon plat*. — Fig. 28. *Poinçon rond*. A, le poinçon. B, les têtes. C, les manches.

Fig. 29. *Châsse carrée*. — Fig. 30. *Châsse à Biseau*. A, les carrés à biseau. B, les têtes. C, les manches.

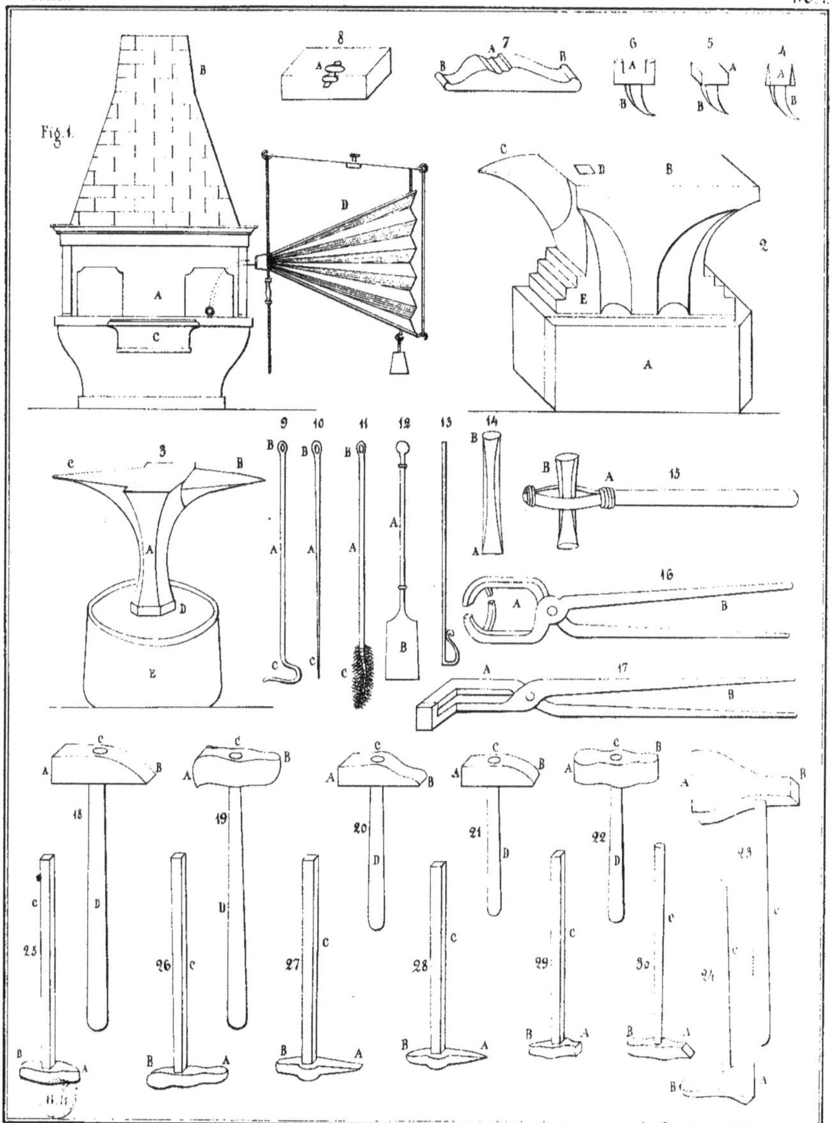

Outils de Forge.

SERRURERIE.

N° 2. 4e Série.

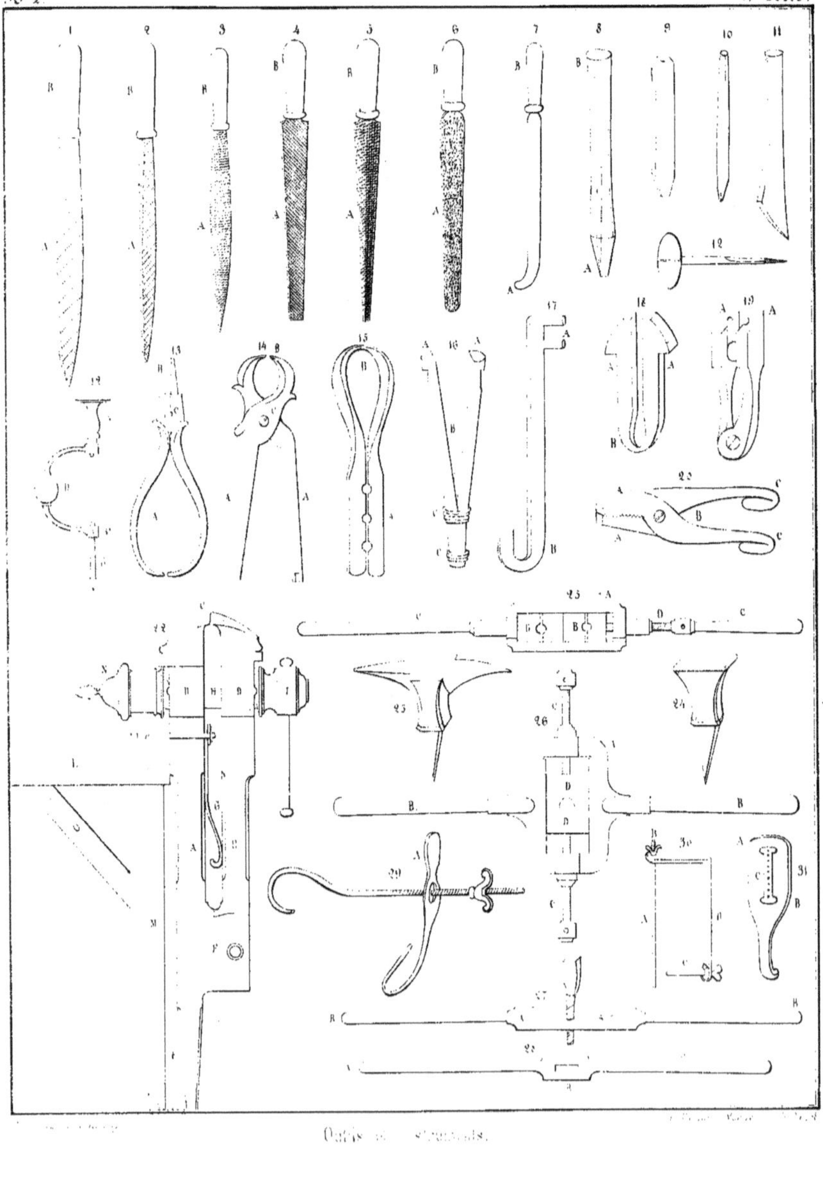

Outils et instruments.

DEUXIÈME LEÇON.

INSTRUMENTS ET OUTILS DIVERS.

Après les outils et instruments de forge, le serrurier se sert des suivants :

Fig. 1. *Lime de Forez ou d'Allemagne;* on la nomme aussi *carrelette.*

Fig. 2. *Lime carrée ou à potence.* — Fig. 3. *Lime* appelée *queue de rat.* — Fig. 4. *Lime d'Angleterre,* nommée *carrelette.* — Fig. 5. *Lime demi-ronde d'Angleterre.* A, les limes. B, les manches.

Fig. 6. *Râpe* appelée *carrelette.* A, la râpe. B, le manche.

Fig. 7. *Brunissoir.* A, le brunissoir. B, le manche.

Fig. 8. *Poinçon carré à main.* A, le poinçon. B, la tête.

Fig. 9. *Mandrin plat.* — Fig. 10. *Mandrin rond.* — Fig. 11. *Bec d'âne.*

Fig. 12. *Petite vrille.* — Fig. 13. *Vilebrequin.* A, la poignée supérieure. B, la mèche. C, la mortaise à recevoir la mèche. D, la poignée du centre.

Fig. 14. *Petite pince à bec.* A, les branches. B, les becs. C, le collet.

Fig. 15. *Tenailles ordinaires.* A, les branches. B, les mâchoires. C, le collet.

Fig. 16. *Dégorgeoir à graine.* A, les branches. B, le ressort.

Fig. 17. *Étau* ou *pinces de bois.* A, les mors. B, le coin. C, les frettes.

Fig. 18. *Griffe.* A, la griffe. B, un tourne-à-gauche.

Fig. 19. *Tenailles à rouleaux.* A, les mors. B, le ressort.

Fig. 20. *Tenailles à boutons.* A, les mors. B, la charnière.

Fig. 21. *Tenailles à tirer les espagnolettes.* A, les mors. B, la charnière ou le collet. C ,les branches à crochet.

Fig. 22. *Étau d'établi.* A, B, les tiges. C, les mors. D, les yeux. E, le pied. F, les jumelles. G, le ressort. H, la boîte. I, la tête de la vis. K, la manivelle. L, l'établi. M, le pied de l'établi.

Fig. 23. *Petite bigorne d'établi.* — Fig. 24. *Tas d'établi.*

Fig. 25. *Filière moderne.* A, les jumelles. B, les coussinets. D, la vis. C, les branches.

Fig. 26. *Autre filière,* plus solide que la précédente. A, les jumelles. B, les branches. C, les vis. D, les coussinets.

Fig. 27. *Filière simple et son taraud.* A, les trois filières. B, les branches. C, le taraud.

Fig. 28. *Tourne à gauche de taraud.* A, les branches. B, l'œil.

Fig. 29. *Machine à forer.* A, la palette. B, le coude. C, l'œil. D, le crochet. E, sa vis à écrou.

Fig. 30. *Calibre de clef* pour en égaliser la tige d'épaisseur après avoir été forée. A, la partie qui entre dans la forure. B, sa vis à écrou. C, la vis d'épaisseur. D, le châssis.

Fig. 31. *Palette à forer.* A, le fer. B, le bois.

TROISIÈME LEÇON.

—

ÉTUDE DE GRILLES.

Les GRILLES sont un assemblage de serrurerie destiné à la fermeture d'un endroit sans en interrompre le jour. Parmi les grilles, les unes sont simples, d'autres sont ornées par le contour du fer, ou par des entrelacs, des consoles, des rinceaux, des palmettes, des rosaces, etc. Les grilles qu'on met aux portes des jardins, et celles qu'on place au lieu de murs, aux endroits où l'on veut se ménager de la vue, doivent être les plus simples de toutes.

Les grilles sont formées par des barres montantes assemblées à tenons et mortaises, haut et bas, dans les sommiers. Quand les grilles ont une certaine longueur on les fortifie au besoin par des arcs-boutants. Au-dessus de la dernière traverse, on termine les barres montantes en pointe ou en flammes ondoyantes ; mais le plus souvent on place au-dessus de petits couronnements, tels que glands, culots, lances, piques, pommes de pin, etc. Les portes roulent par le bas sur un pivot dans une crapaudine, et par le haut elles sont retenues par un collet qui fait l'effet d'une bourdonnière.

ÉLÉVATION D'UNE GRILLE OU PORTE D'ENTRÉE DE COUR (*fig.* 1).

Cette grille se compose de deux portes ou vantaux symétriques. En voici les parties principales : A, les jambages ou piédroits de la porte. B, le socle. C, le chapiteau. D, le couronnement de la baie ; ces quatre parties sont en pierre. H, les vantaux renfermant chacun sept barres montantes équidistantes. S, le battement. E et F, les sommiers du haut entre lesquels sont placés les cercles tangents. P, G et I, les sommiers du milieu, entre lesquels sont placés des pontets N en culots. J, le sommier du bas. L, les fuseaux de remplissage à hauteur d'appui. M, les fuseaux du haut. R, les couronnements en culots à pointe à l'aplomb des fuseaux montants. O, les chasse-roues.

Pour construire cette grille, l'élève dessinera d'abord la baie, il tracera ensuite les sommiers du haut, du bas et du milieu ; il formera le bâtis de chaque porte en observant qu'une partie de ce bâtis est cachée dans la batte de la baie ; il marquera la place des fuseaux, il dessinera ensuite les pontets N, les cercles tangents P, les couronnements R, les chapiteaux et les embases des fuseaux du bas, et il terminera par les chasse-roues O.

ÉLÉVATION D'UNE GRILLE DE JARDIN (*fig.* 2).

Cette grille est plus élégante que la précédente ; sa construction est cependant la même. Le haut P se termine par des arcs de cercle raccordés, et le bas L est rempli par des panneaux au lieu de fuseaux. Voici les parties principales de cette grille : A, B, C, D, les jambages, socles, chapiteaux et urnes de la baie. S, le battement du milieu. H, les deux vantaux. M, les fuseaux ou barres montantes des portes, N les pontets de la frise. P, les petits fuseaux de remplissage. R, les couronnements des fuseaux en fer de pique. K, les fuseaux des grilles en dehors de la porte. E, F, les sommiers du haut. G, I, les sommiers du bas.

La construction de cette grille est analogue à la précédente.

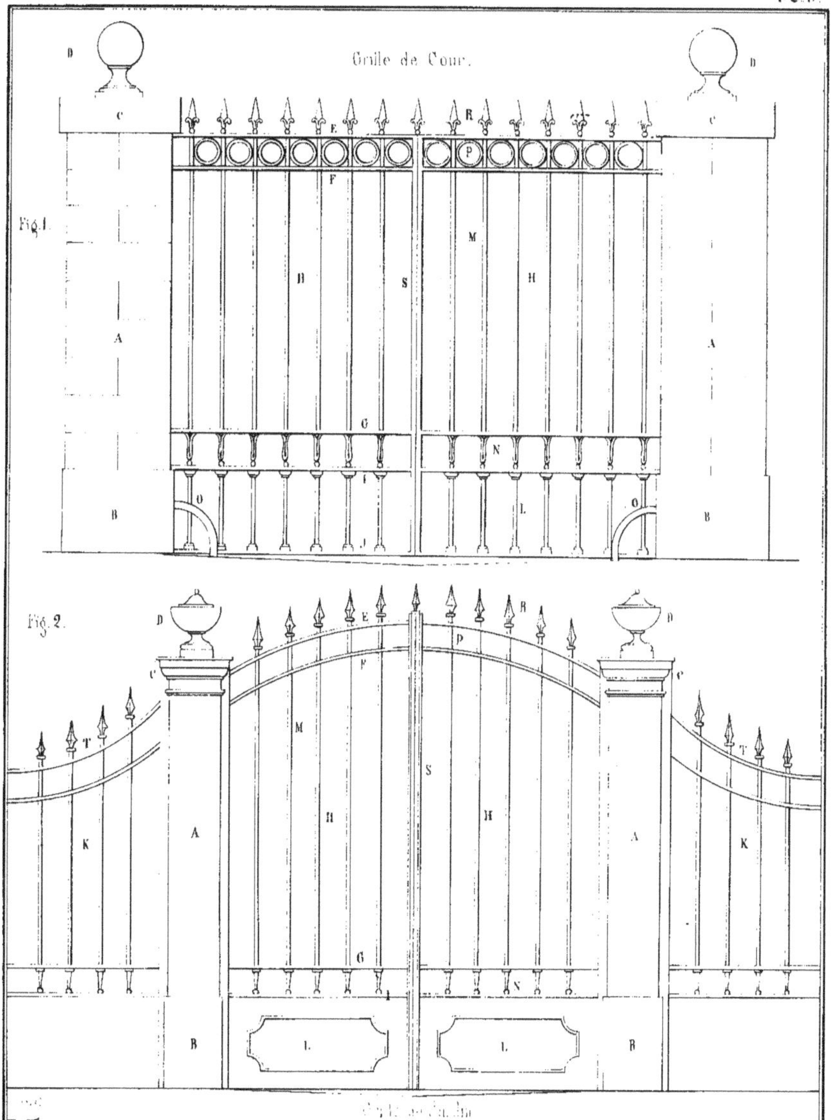
Grille de Cour.
Fig. 1.
Fig. 2.

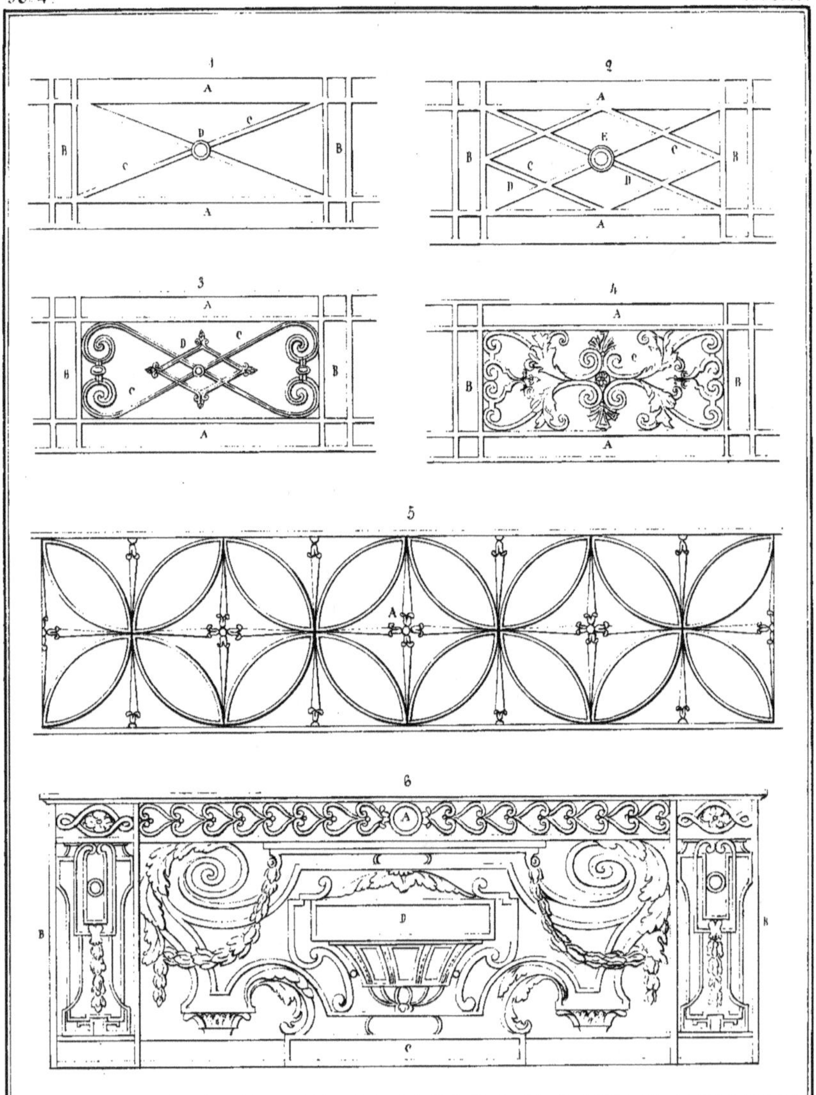

Dessiné par Henry des Vosges
Lith Hangard-Maugé, r. du Bac 38

Grilles d'appui.

QUATRIÈME LEÇON.

DES GRILLES D'APPUI POUR CROISÉES.

Les grilles d'appui des croisées sont actuellement un objet de luxe depuis qu'on est parvenu à les fondre d'une seule pièce, ce qui permet de leur donner quantité d'ornements que le serrurier ne pourrait atteindre qu'après un travail long et pénible. Dans le choix de ces grilles d'appui, il faut néanmoins prendre celles qui sont le moins chargées d'ornements, afin qu'elles ne diminuent le jour que le moins possible et qu'elles n'offusquent point la vue. Les dessins de ce tableau viennent en partie du magasin en fonte de fer de M. Boutillier, quai de la Grève, à Paris.

Fig. 1. *Appui de croisée simple* formé : 1° par quatre sommiers, haut et bas A ; 2° par quatre montants B à chaque extrémité ; 3° et par deux barres C suivant les diagonales du rectangle, à la rencontre desquelles est placée une rosace D.

Fig. 2. *Autre appui de croisée*, composé : 1° d'un bâtis extérieur, formé par quatre sommiers ou traverses A, haut et bas, et par quatre montants B ; 2° d'un compartiment intérieur formé par les diagonales D du rectangle, et par un losange C dont les angles aboutissent au milieu de la longueur et de la largeur du bâtis extérieur ; une rosace E est adaptée au centre de cet appui.

La construction de ces deux grilles ne demande qu'un peu d'attention et de précision, afin d'obtenir parfaits les quatre petits carrés des angles.

Fig. 3. *Appui de croisée*, composé d'un bâtis extérieur AB de même dimension que les précédentes. Le panneau intérieur de ce bâtis est formé par des diagonales C, qui se terminent en volutes dans les angles. Un petit losange D, orné à chaque extrémité d'un fleuron, remplit le reste du vide. Ce dessin demande une grande habitude pour tracer à la main le contournement des volutes.

Fig. 4. *Appui de croisée orné en fonte de fer*. Il est composé, comme les trois précédents d'un bâtis extérieur A, B. Le panneau du milieu C est riche d'ornements parmi lesquels on remarque : 1° une rosace au centre ; 2° quatre enroulements qui se réunissent symétriquement ; 3° deux palmettes ; 4° quatre feuilles d'acanthe ; 5° et des combinaisons de volutes qui donnent à cet appui de l'élégance et de la grâce.

Pour construire cet appui, l'élève pourra, pour plus de facilité, partager le bâtis en quatre rectangles égaux au moyen d'une verticale et d'une horizontale au milieu.

Fig. 5. *Appui de croisée* formé par des cercles tangents et des arcs de cercle à l'intérieur. Des croisillons avec culots et fer de lance remplissent les vides.

La construction de cette grille ne présente aucune difficulté.

Fig. 6. *Appui de croisée riche*, tiré de l'antique. Dans cet appui on remarque : 1° deux pilastres B ornés de guillochis et de feuillage à chaque extrémité ; 2° la frise A ornée de raies de cœur ; 3° le socle C ; 4° un vase D à jour au centre ; 5° et des consoles E décorées de feuillages et d'enroulements pour remplir le vide.

Cette grille n'est donnée que pour amener l'élève à l'étude de l'ornement.

CINQUIÈME LEÇON.

GRILLES D'APPUI POUR BALCONS.

Les grilles de balcons demandent à l'ouvrier du goût pour la disposition des barreaux et des ornements qui les accompagnent. Ces grilles se font également en fonte de fer; mais ce tableau ne renferme que des exemples de balcons faciles à exécuter.

Fig. 1. *Grille de balcon simple en ogive.* Les parties de cette grille sont : 1° le sommier du bas A ; 2° le sommier du haut B, formant corniche ou appui ; 3° les fuseaux C ornés d'une base par le bas et d'un chapiteau par le haut; 4° les ogives D dont les centres se trouvent précisément au centre de chaque fuseau.

Fig. 2. *Grille de balcon en demi-cercles coupés.* Les parties de cette grille sont : 1° le sommier du bas A ; 2° la tablette ou appui du haut B ; 3° les fuseaux C ornés par le bas d'un culot, et par le haut d'un astragale et d'un chapiteau ; 4° les demi-cercles D qui se croisent et aboutissent alternativement au centre de chaque fuseau.

Fig. 3. *Grille de balcon terminée en demi-cercles.* Les parties de ce balcon sont : 1° le sommier du bas A ; 2° la tablette ou appui du haut B ; 3° un second sommier E ; 4° les fuseaux C; 5° les pontets D au-dessous de chaque fuseau; 6° et les demi-cercles tangents F.

Fig. 4. *Grille de balcon terminée en demi-cercles par le haut et par le bas.* Les parties de cette grille sont : 1° le sommier A du bas ; 2° l'appui ou traverse du haut B ; 3° les panneaux circulaires en haut et en bas C ; 4° les panneaux carrés rectangulaires D ; 5° les couronnements ou astragales G ; 6° et les cercles E, tangents au sommier, à la barre d'appui et aux panneaux circulaires dont ils ne sont séparés que par un bouton.

Fig. 5. *Grille de balcon à balustres.* Les parties de ce balcon sont : 1° le sommier du bas A ; 2° la tablette B ; 3° les pilastres des extrémités C ; 4° et les balustres D ornés d'un culot au milieu et à chaque bout.

Fig. 6. *Autre grille de balcon à balustres.* Les parties de cette grille sont : 1° le sommier A ; 2° la tablette d'appui B ; 3° les pilastres des extrémités C ; 4° les balustres D ; 5° les guillochis ou grecques simples F qui décorent les frises haut et bas.

Fig. 7. *Grille de communion.* Les parties de cette grille sont : 1° les deux portes du milieu qui sont carrées et dans la composition desquelles on remarque une croix I au centre, deux cercles concentriques G, quatre petits cercles H tangents à deux carrés; 2° la table H ornée de fuseaux équidistants, maintenus par des traverses de deux en deux ; 3° le socle du bas A ; 4° la tablette du haut B ; 5° l'encadrement D ; 6° les pilastres F ; 7° et les petits carrés I.

La construction de ces différentes grilles est très-simple ; après avoir tracé les sommiers et les tablettes d'appui, il suffit de placer les fuseaux à une distance égale, et terminer ensuite par les ornements.

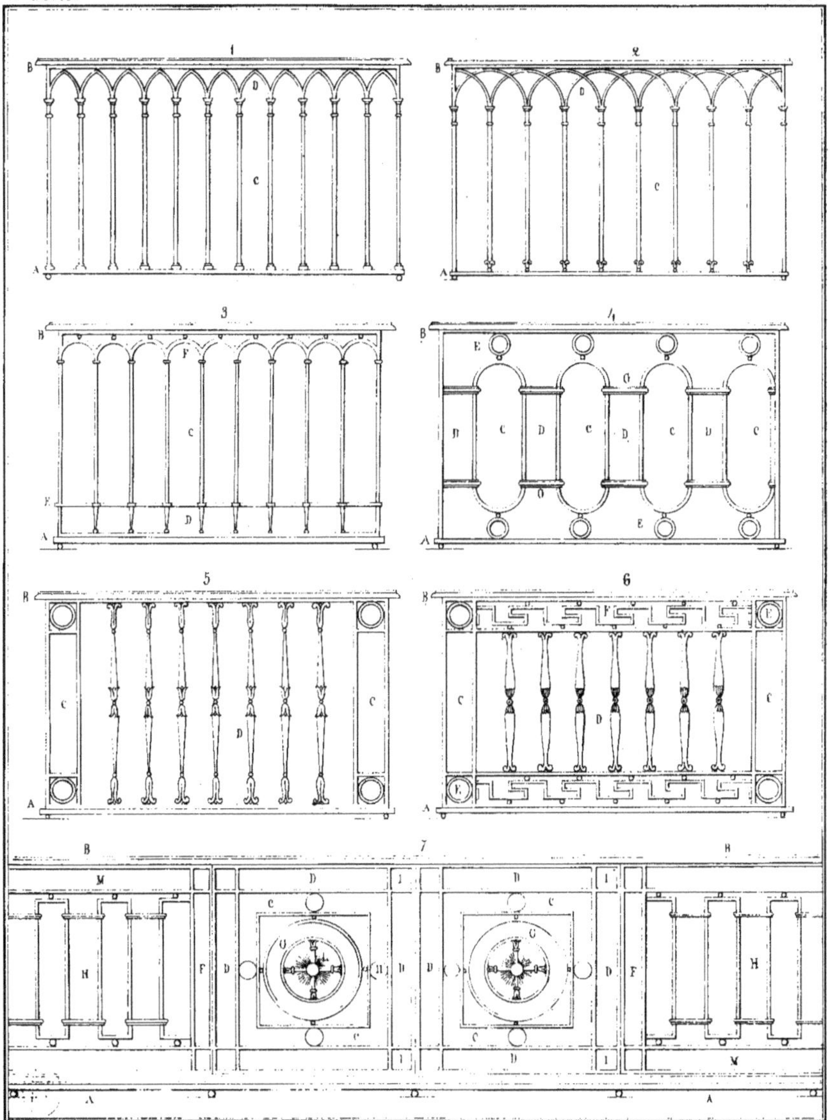

Grilles d'appui et de Balustres.

Lith. Haugard Maugé, 38 rue du Bac.

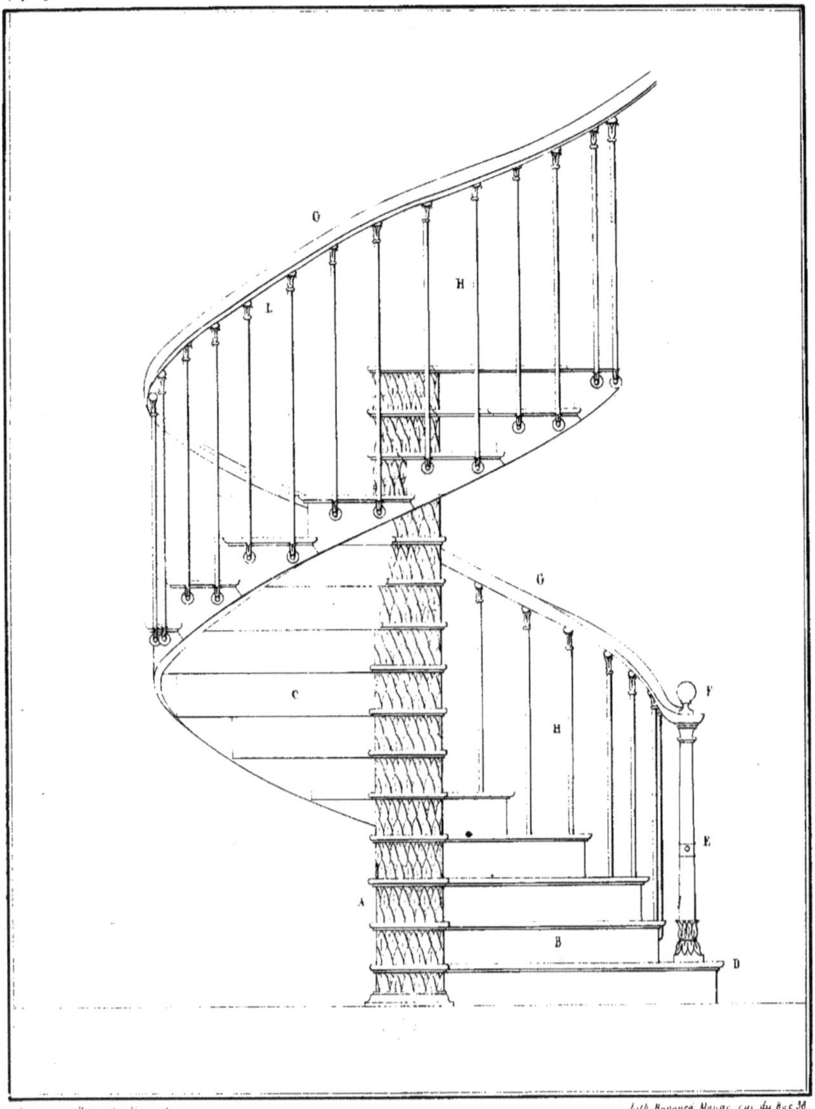

Lith. Bunguré Monge rue du Bac 38.

Escalier et sa Rampe.

SIXIÈME LEÇON.

DES RAMPES D'ESCALIERS.

C'est surtout dans la construction des rampes d'escaliers qu'on reconnaît l'habile serrurier, parce que dans ces grilles, il faut suivre le rampant au droit des quartiers tournants, et pour cela, le dessin ou l'épure de la rampe doit être fait sur une surface convexe qui suive les contours du limon; de sorte que selon les ornements qui accompagnent ces rampes, les barreaux sont tantôt longs, tantôt courts, et les sommiers doivent être, lorsqu'il y en a, bien parallèles aux limons de l'escalier, et les montants doivent se trouver bien d'aplomb, quand la grille sera en place. Sans ces attentions, l'ouvrage n'aurait rien de satisfaisant, il choquerait immanquablement un œil un peu juste.

Tous les dessins de balcons qui ont fait l'objet du tableau précédent peuvent être convertis facilement en rampes. Néanmoins, les rampes les plus fréquemment en usage sont composées de fuseaux droits ornés par le haut d'une espèce de chapiteau, et par le bas d'une sorte de pontet ou culot. Le chapiteau est maintenu dans le sommier supérieur par un petit boulon, et le pied du fuseau qui est coudé, est fixé dans la face du limon intérieur de l'escalier.

ÉLÉVATION D'UN ESCALIER A VIS, EN FONTE, AVEC SA RAMPE.

Dans cet escalier les marches B et le noyau A ne font qu'un. Les marches sont posées l'une sur l'autre selon l'épure du plan. La rampe est composée de barreaux droits H équidistants, maintenus par le haut dans le sommier au-dessous de la main-courante G, et par le bas ils sont coudés en angle droit et sont fixés dans la face extérieure du limon au moyen d'un boulon vissé. Le premier fuseau E prend le nom de pilastre, il est plus fort et plus orné que les autres barreaux, il repose sur la première marche D, et doit être surmonté d'un couronnement quelconque F.

Construction.

Pour établir l'élévation de cet escalier, il faut d'abord dessiner le noyau A, déterminer la hauteur des marches B et des contremarches C, telle que l'indique le dessin, tracer le profil des marches en suivant le dessin ou l'épure du plan (lequel plan est circulaire, et les marches toutes égales en hauteur et en giron), dessiner ensuite la main-courante et les limons extérieurs, puis placer les fuseaux de manière qu'il y en ait deux par chaque marche.

Dans le volume de la charpente il sera donné de plus amples détails pour l'exécution des escaliers.

SEPTIÈME LEÇON.

DES GRANDES PORTES EN FER.

Les PORTES EN FER sont composées de deux bâtis en serrurerie, consistant ordinairement en des montants et des traverses, assemblés à tenons et mortaises. L'intérieur du bâtis reçoit des barreaux A simples, ou diversement combinés, fixés dans les sommiers du haut et du bas. Un couronnement quelconque doit être placé à l'aplomb et au-dessus de chaque barreau, et le bas de ces barreaux peut être orné de culots, ou de pontets ou de tout autre ornement. En général, dans une porte en fer, les sommiers du haut et du bas, ainsi que les traverses, sont rivés sur un fort barreau, lequel se termine en bas par un pivot qui est reçu dans une crapaudine, et par le haut il est embrassé par un collet.

ÉLÉVATION D'UNE GRANDE PORTE EN FER EN ARC.

Les parties principales de cette porte sont : 1° Les *jambages* ou *piédroits* M, en maçonnerie ; 2° l'*archivolte* L, également en maçonnerie ; 3° les *deux bâtis mobiles* A, en serrurerie ; 4° et l'*archivolte* C, aussi en serrurerie.

Dans les jambages on distingue les socles R, dans lesquels sont fixés les chasse-roues, les panneaux O et P, et l'imposte N. L'archivolte au-dessus de l'imposte est ornée de moulures.

Le bas des bâtis des portes est décoré d'un panneau B avec encadrement. Les fuseaux A qui sont équidistants sont ornés d'un culot I à la base, et un couronnement en pomme de pin est placé sur le sommier du haut à l'aplomb de chaque barreau. Le battement T des deux portes descend jusqu'à terre et est également surmonté d'une pomme de pin.

L'archivolte en fer est décorée au centre de cinq arceaux équidistants, dont les vides sont remplis de pointes, de culots et de petits cercles. La partie supérieure C de cette archivolte est divisée en parties égales par des fuseaux F, déterminés du centre J de l'archivolte aux divisions de la circonférence ; ces fuseaux ont à leur base un culot fixé dans le cinquième arceau, et à l'extrémité ils sont terminés par des demi-cercles G, qui se réunissent au-dessus dans le bout des barreaux.

Construction.

Pour construire cette porte, il faut d'abord tracer une horizontale pour la base, et une verticale qui devra passer au milieu du battement T, dessiner les jambages M, puis l'archivolte L avec tous leurs ornements et moulures, tracer ensuite les sommiers et les montants des bâtis des portes, déterminer la place des fuseaux, dessiner les culots et les couronnements, tracer les panneaux du bas B. Enfin décrire les arceaux de l'archivolte en fer, diviser le reste en parties égales pour déterminer le centre des petits cercles et la place des fuseaux F, et terminer son dessin par les divers ornements.

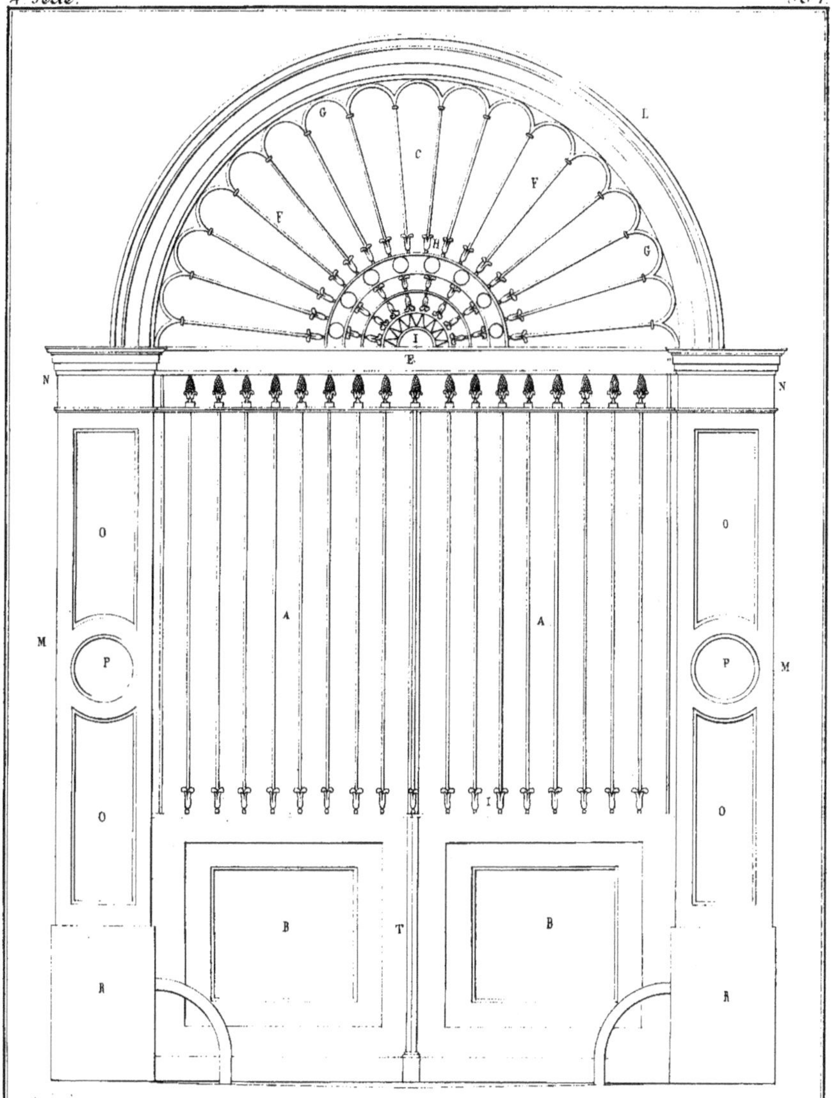

Dessiné par Henry (des Vosges) — Lith. Bangard Mauge, rue du Bac N°38.

Grande Porte de Fer en Arc

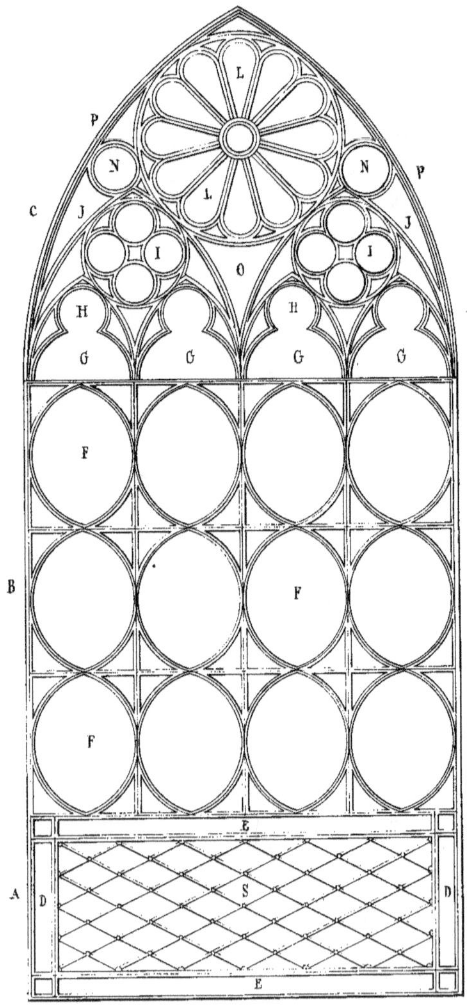

Dessiné par Henry des Vosges.

Porte Gothique en Moulures de Fer.

Lith. Hangard-Maugé rue du Bac 36

HUITIÈME LEÇON.

SUITE DES PORTES EN FER.

ÉLÉVATION D'UNE PORTE GOTHIQUE EN MOULURES DE FER.

Ce dessin peut convenir également pour vitrail d'église et pour porte de sépulcre. Cette porte se compose d'un bâtis B et d'une ogive P avec ornements gothiques. Le bas du bâtis A est orné d'un panneau S en moulures de fer garnies de croisillons disposés obliquement, et d'un encadrement extérieur D, E. Le milieu de la porte B est divisé dans sa hauteur en trois parties égales, et dans sa largeur, en quatre, de manière à présenter douze cases F ou compartiments égaux. Ces cases sont formées par des montants et par des traverses, et sont ornées d'arcs de cercles tangents aux montants, lesquels arcs se réunissent au milieu de chaque petit croisillon ou meneau. Le tout est décoré de moulures de fer.

L'ogive C est ornée dans la partie supérieure d'une grande rosace L tangente aux arcs extérieurs P et à deux autres petites ogives J au-dessous. Ces deux dernières ogives sont ornées également dans le haut d'une rosace I renfermant quatre cercles parfaits et symétriques; laquelle rosace repose sur quatre autres petites ogives II, décrites dans l'intérieur de l'ogive principale. Ces quatre dernières ogives doivent répondre à l'aplomb des montants du milieu de la porte; elles ne sont ornées que d'arceaux en demi-cercles G, et en cercles parfaits II presque fermés.

Construction.

Pour la construction de cette porte, il faut une grande précision dans le tracé des ogives, des rosaces et des arceaux du milieu, de manière que toutes les moulures qui font l'ornement de cette porte se réunissent parfaitement dans les angles. Voici le moyen de la construire : tracer d'abord une horizontale en bas et une verticale passant au milieu de la porte, de manière à la couper en deux parties symétriques; déterminer la largeur des cases par des verticales, puis les hauteurs par des horizontales, couper chaque meneau en deux parties égales pour marquer l'endroit où chaque arceau devra s'arrêter, chercher le centre des arceaux et les tracer en commençant toujours par les lignes du milieu de la moulure; et faire ensuite le bas de la porte tel que l'indique le dessin; enfin, décrire les quatre plus petites ogives II et leurs arceaux, puis les deux plus grandes J, doubles des premières, et les rosaces I intérieures, ensuite l'ogive extérieure C, enfin la grande rosace L avec toutes ses parties et terminer par les petits cercles parfaits N.

On arriverait au même but en commençant par décrire d'abord la grande ogive P extérieure, ensuite les deux suivantes J, et enfin les petites II. On pourra faire exécuter des deux manières.

NEUVIÈME LEÇON.

SUITE DES PORTES EN FER.

ÉLÉVATION D'UNE GRANDE GRILLE DE CHOEUR.

Cette grille, convenable à un chœur d'église ou à une chapelle, est placée entre deux pilastres A ornés de barreaux avec feuillages. Un entablement B, surmonté d'un socle C orné de raies de cœur, d'une boule entourée d'un serpent E, d'une croix D et de deux urnes F, fait le couronnement du haut de cette grille. A chaque extrémité des pilastres il y a une grille simple J élevée au-dessus du soubassement N; le haut de cette portion de grille est orné de postes K et d'une console M en relevure de fer dont les ornements peuvent être dorés.

Les deux portes mobiles G sont divisées en trois compartiments égaux I, H, G. Le compartiment du bas est orné de trois carrés inscrits équidistants et au centre d'un cercle parfait soutenu intérieurement par quatre culots en croisillons, et extérieurement par des doubles consoles ou fers tournés en volutes aux angles du dernier carré inscrit.

Le compartiment du milieu H, qui se nomme la frise, est orné d'un panneau avec feuillages.

Le compartiment du haut G, ou la grille proprement dite, est garni de barreaux en fer rond réunis, haut et bas par des astragales de deux en deux, et maintenus dans les traverses du bâtis par des boulons rivés.

Construction.

Pour construire cette grande grille, tracer une horizontale pour la base et une verticale passant au centre; dessiner les pilastres à égale distance de cette verticale; établir l'entablement avec son socle, sa boule et la croix; tracer les grilles des extrémités avec tous les ornements; faire la division des compartiments de chaque bâtis, tracer les panneaux du bas, puis la frise, et enfin les barreaux et les astragales du compartiment du haut.

La construction de cette porte ne demande qu'un peu de goût et un peu de justesse.

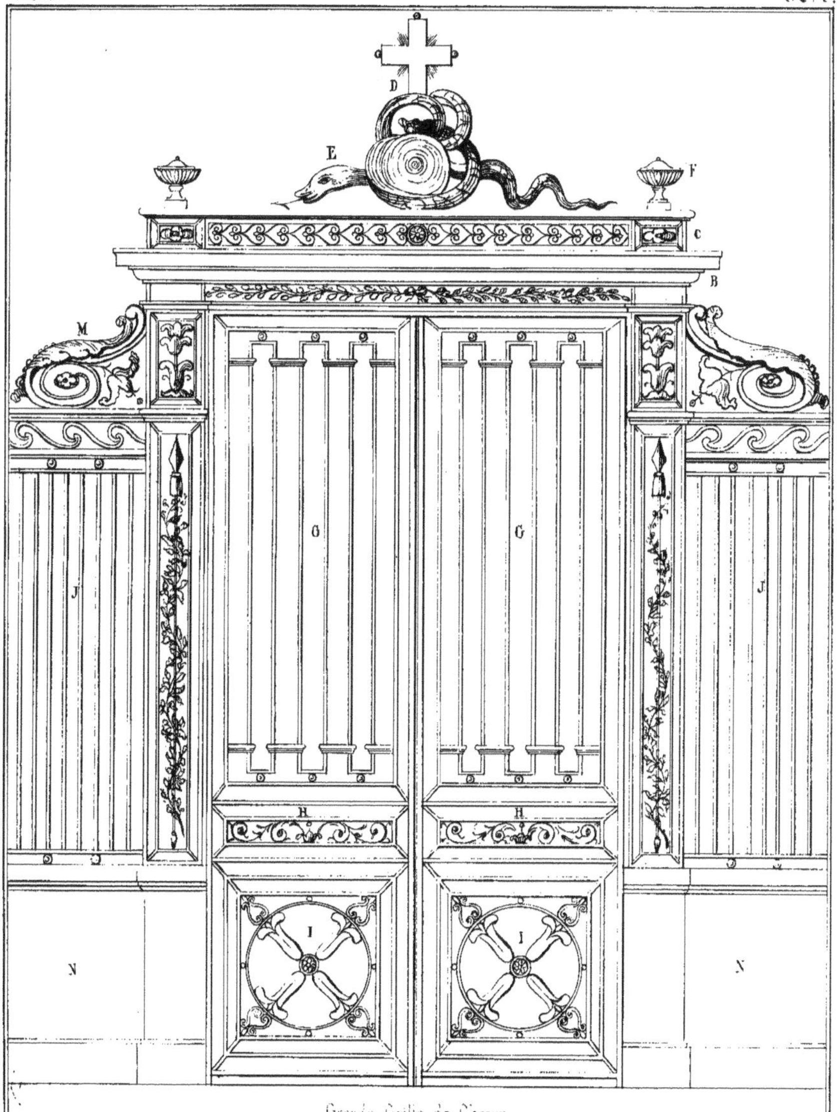

Grande Grille de Chœur.

Dessiné par Henry

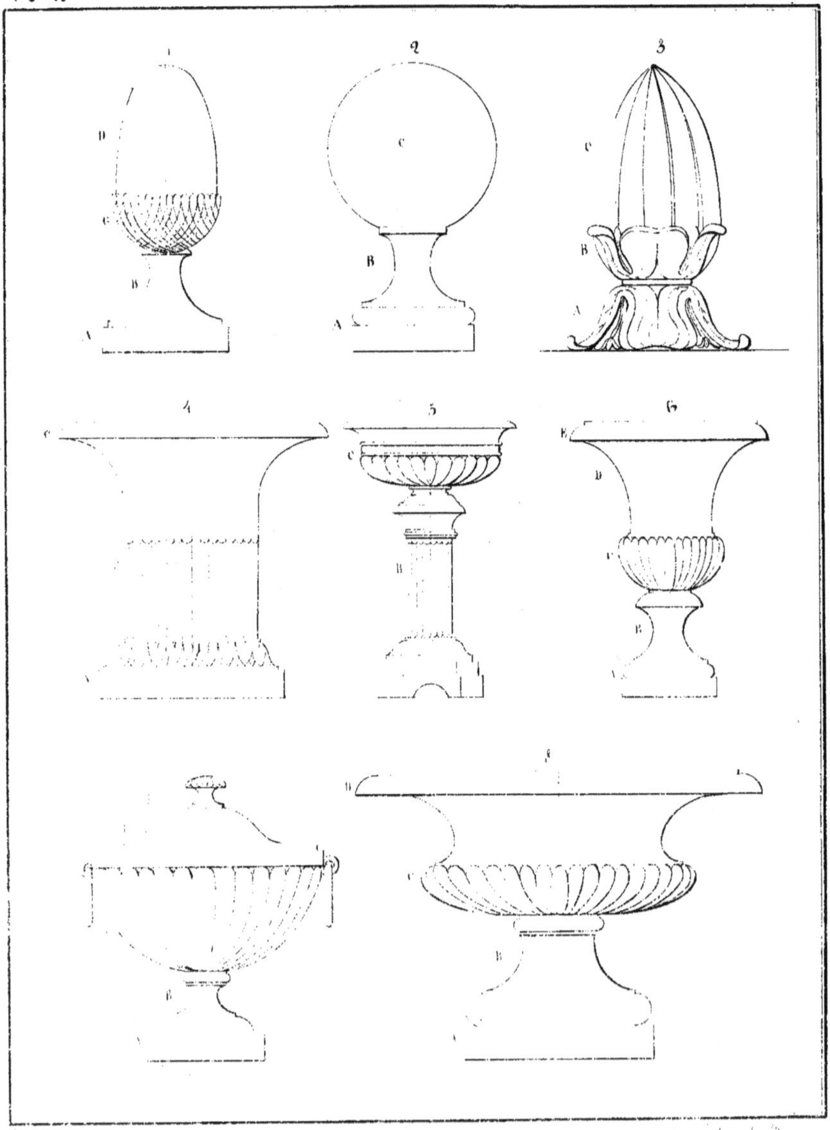

DIXIÈME LEÇON.

DES COURONNEMENTS EN FONTE.

Les couronnements que l'on met au-dessus des pilastres des portes ou des rampes se font en fonte de fer; on leur donne quantité de formes, et on les orne selon leur destination. Les plus simples sont les piédouches avec gland, avec boule, ou avec pomme de pin; les corbeilles, les vasques, les vases Médicis, les coupes et les urnes.

PIÉDOUCHE AVEC GLAND (*fig.* 1).

Les parties de ce couronnement sont : le socle A, la scotie B, la coquille du gland C et le gland D.

PIÉDOUCHE AVEC BOULE (*fig.* 2).

Ce couronnement se compose : 1° d'un socle A formé par un plinthe, un tore et son filet; 2° d'une scotie B et son filet; 3° et d'une boule ou pomme C.

PIÉDOUCHE ORNÉ DE CULOTS (*fig.* 3).

La base de ce couronnement est formée d'un ornement A appelé culot renversé; elle est séparée par une baguette d'un autre culot droit B, au-dessus duquel est placé le fruit C.

ÉLÉVATION D'UNE CORBEILLE EN FONTE (*fig.* 4).

Les parties de cette corbeille sont : 1° la base A, composée d'un plinthe, d'un filet, d'une doucine renversée et d'un filet; 2° le fût B, s'élargissant à son ouverture; 3° et la partie supérieure C, formée par un quart de rond renversé.

ÉLÉVATION D'UNE VASQUE OU BÉNITIER (*fig.* 5).

La base A est composée d'un double socle, d'un filet, d'une doucine renversée et d'un filet B; le fût B est orné de cannelures, et il est surmonté d'un astragale, d'un congé et d'un quart de rond renversé, d'un filet, d'une doucine renversée, d'un filet, d'une petite scotie et d'un filet. La coupe C est ornée dans le fond de cannelures, et dans le haut, elle renferme les moulures suivantes : une baguette, un ove, une baguette, un grand congé et un quart de rond renversé.

ÉLÉVATION D'UN VASE MÉDICIS (*fig.* 6).

Les parties de ce vase sont : le socle A, la scotie B, la coupe C, le corps du vase D, et la partie supérieure E.

ÉLÉVATION D'UNE URNE (*fig.* 7).

Cette urne renferme les moulures suivantes : un plinthe, un quart de rond renversé et un filet à la base A, une scotie B, surmontée d'une baguette entre deux filets, la coupe C, les anneaux D et le couvercle E.

ÉLÉVATION D'UNE COUPE (*fig.* 8).

Dans cette coupe, on remarque le socle A, la scotie B, le fond de la coupe C et la partie supérieure D.

Construction.

Pour construire ces différents couronnements, on trace une horizontale pour la base, puis une verticale qui doit partager le vase en deux parties égales; on marque la hauteur de toutes les moulures, on tire des horizontales par les points qu'on a déterminés, on profile à droite et à gauche les diverses moulures, et l'on finit par les ornements.

ONZIÈME LEÇON.

SUITE DES COURONNEMENTS EN FONTE.

ÉLÉVATION D'UN PILASTRE DE RAMPE (*fig.* 1).

On appelle PILASTRE DE RAMPE, une espèce de colonne ornée de moulures et de sculptures que l'on place à l'extrémité de la première marche d'un escalier et qui sert à soutenir la rampe avec solidité.

Dans ce pilastre, on trouve les parties suivantes : Le *socle* A, le *balustre* B, le *fût* C et le *chapiteau* D.

Le socle n'est composé que d'un plinthe tout uni, servant de base ; le balustre renferme les moulures et ornements suivants : une grosse baguette entre deux filets, des cannelures renversées, un quart de rond, une scotie, une baguette entre deux filets, une scotie, un quart de rond renversé, des feuilles d'acanthe posées sur un culot et sur une baguette entre deux filets. Le fût, qui est sans ornement, diminue de largeur en s'élevant ; il est surmonté d'un astragale et d'une espèce de chapiteau.

ÉLÉVATION D'UNE POMME DE PIN POUR RAMPE (*fig.* 2).

Les parties de ce couronnement sont : le socle A, le tore B, un filet C, une scotie D; un filet E, les feuilles d'acanthe F, et les pins ou pépins H.

Construction.

Pour construire cette pomme de rampe, il faut tracer une verticale au milieu, dessiner le piédouche et les feuilles d'acanthe, contourner ensuite les pépins du haut en bas, à droite et à gauche, et dessiner les arêtes tel que le dessin l'indique. Le goût, du reste, doit être le meilleur guide pour parvenir à une bonne exécution.

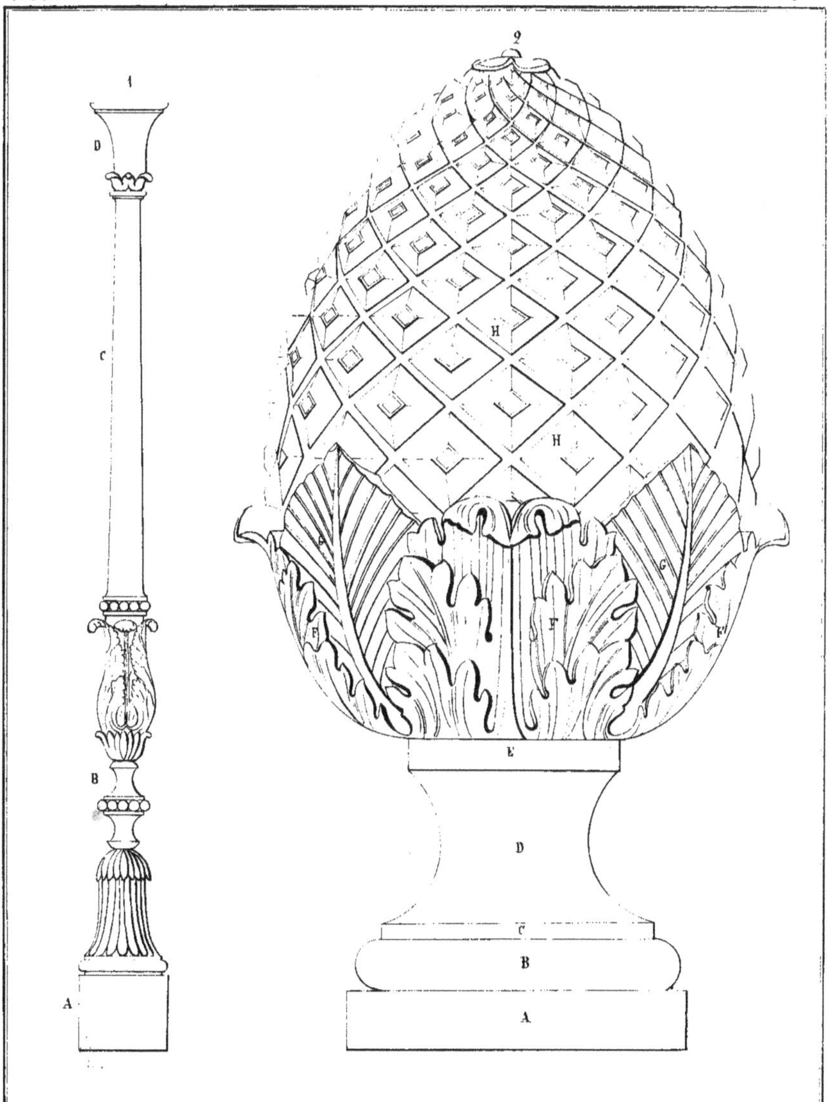

Pilastre et Pomme de Hampe.

N°12. **QUINCAILLERIE** 4e Série.

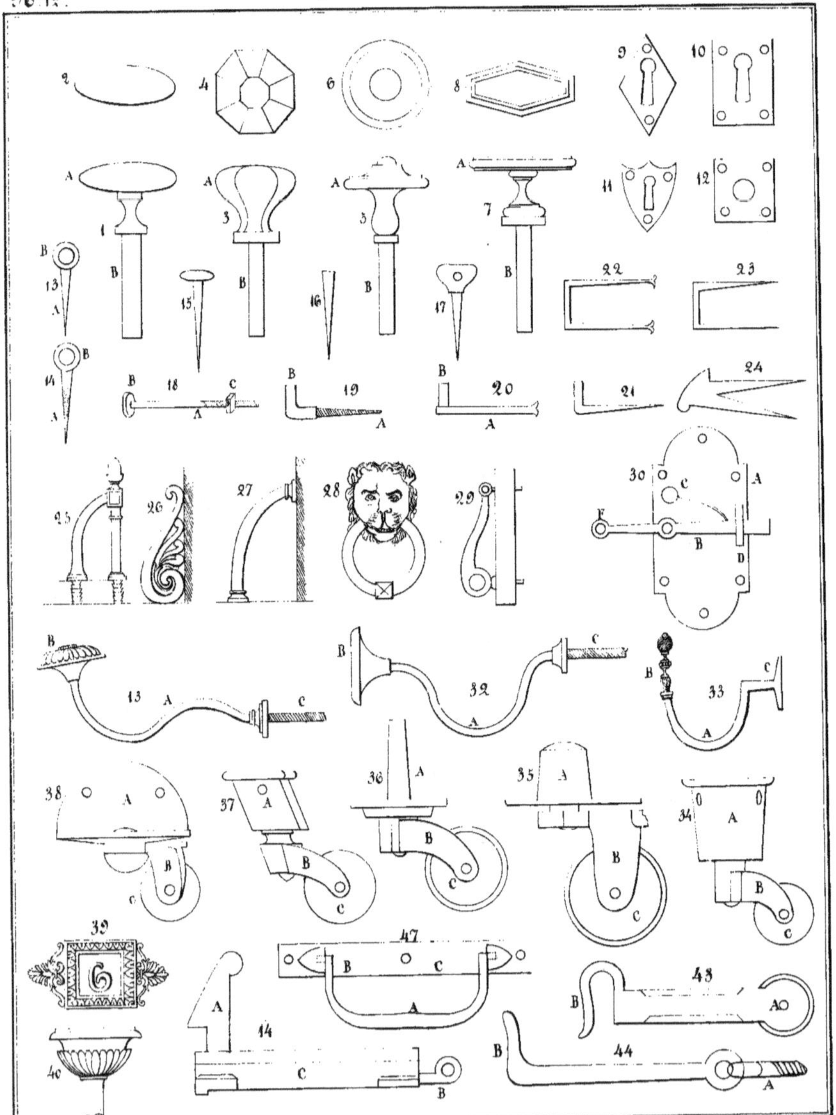

Dessiné par Henry (des Vosges) — Lith. Bangard-Mangé Rue du Bac, 36.

Légers Ouvrages.

DOUZIÈME LEÇON.

—

PARAGRAPHE II. — QUINCAILLERIE.

On comprend, sous le nom de QUINCAILLERIE, tous les menus ouvrages du serrurier dont la plupart s'exécutent en cuivre. Voici un choix d'objets de quincaillerie extraits des meilleurs magasins de Paris.

Fig. 1. Bouton simple à olive. A, l'olive. B, la tige.
— 2. Le plan de l'olive.
— 3. Bouton à huit pans en cristal moulé. A, la tête. B, la tige.
— 4. Le plan de la tête.
— 5. Bouton de barre en fer tourné. A, la tête. B, la tige.
— 6. Le plan du bouton.
— 7. Bouton hexagonal. A, la tête. B, la tige.
— 8. Le plan de la tête.
— 9. Entrée de serrure en losange.
— 10. Entrée de serrure rectangulaire.
— 11. Entrée de serrure en écusson.
— 12. Entrée de bouton.
— 13. Piton simple à pointe. A, la pointe. B, l'anneau.
— 14. Piton à vis. A, la vis. B, l'anneau.
— 15. Clou à tête ronde.
— 16. Broquette ordinaire.
— 17. Patte à lambris.
— 18. Vis de lit. A, la vis. B, la tête. C, l'écrou.
— 19. Gond à vis. A, la vis. B, le mamelon.
— 20. Gond à repos et à scellement. A, le scellement. B, le mamelon.
— 21. Gond sans repos à pointe.
— 22. Gâche à plâtre et à scellement.
— 23. Gâche à bois et à pointe.
— 24. Mentonnet à pointe pour loquet.
— 25. Chasse-roue double à vase.
— 26. Chasse-roue en console avec palmettes.

Fig. 27. Chasse-roue ordinaire.
— 28. Heurtoir rond avec tête de lion.
— 29. Heurtoir en console.
— 30. Loquet simple. A, la platine. B, la bascule. C, le ressort. D, le cramponnet. F, l'anneau.
— 31. Porte-chapeau. A, le bras. B, la tête. C, la vis.
— 32. Porte-habits. A, le bras coudé, B, le bouton. C, la vis.
— 33. Bras de cheminée. A, le coude. B, le vase. C, le scellement.
— 34. Roulette, sabot rond. A, le sabot. B, la chape. C, la roulette.
— 35. Roulette anglaise. A, le sabot. B, la chape. C, la roulette.
— 36. Roulette à tige. A, la tige. B, la chape. C, la roulette.
— 37. Roulette pour fauteuil à la Voltaire. A, le sabot. B, la chape. C, la roulette.
— 38. Roulette à plaque. A, la plaque. B, la chape. C, la roulette.
— 39. Plaque de numéro, ornée.
— 40. Cuvette d'urinoire.
— 41. Loqueteau de persiennes. A, le mentonnet. B, l'anneau de la bascule. C, la coque.
— 42. Poignée à olive. A, la poignée. B, les coudes. C, les platines.
— 43. Crochet plat pour armoire. A, le clou. B, l'arrêt.
— 44. Crochet rond, garni d'un piton à vis. A, le piton. B, le crochet.

TREIZIÈME LEÇON.

DES SERRURES.

Une Serrure est une machine plus ou moins composée, placée dans une espèce de boîte carrée ou rectangulaire, et renfermant un ou plusieurs verrous qu'on ne peut ouvrir qu'à l'aide d'une clef. Cette espèce de boîte est souvent ouverte d'un côté, c'est celui qui est appliqué contre le bois ; le côté parallèle à celui-ci, et qui forme l'extérieur de la boîte, s'appelle le *palâtre ;* c'est sur le palâtre que sont assujetties la plupart des pièces de la serrure. Des quatre autres faces de la serrure, l'une est nommée le *rebord du palâtre ;* c'est celle où il y a une ouverture par laquelle sort et entre le verrou qui ferme la serrure et qu'on nomme *pêne.* Les trois autres faces de cette espèce de boîte sont nommées ensemble la *cloison ;* elles sont composées d'une pièce de fer pliée deux fois à angles droits et arrêtée perpendiculairement sur le palâtre par de petites pièces de fer nommées *étoquiaux.* L'espèce de verrou que la clef fait aller et venir se nomme le *pêne ;* il est retenu dans la serrure par un crampon qui lui tient lieu de coulisse, on l'appelle *picolet ;* il est attaché au palâtre par un tenon et une vis. Le corps du pêne a des espèces de petites dents qui donnent prise à la clef, ce sont, en terme de l'art, les *barbes du pêne.* Le bout du pêne qui sort de la serrure se nomme la *tête*, et l'autre bout, la *queue*, et quand le pêne a deux têtes, on le nomme *pêne fourchu.* Si le pêne n'était pas arrêté fixément où il a été conduit par la clef, ce ne serait qu'un verrou, il serait ouvert toutes les fois qu'on pourrait le pousser avec une lame de couteau ou avec un clou : c'est pour cela qu'en même temps que la clef le pousse, elle le dégage de l'endroit où il est arrêté. Dans plusieurs serrures le pêne a des entailles appelées *encoches.* Une petite pièce de fer qui est tantôt sur le pêne et tantôt sur le ressort et aussi quelquefois sur le palâtre, se nomme l'*arrêt du pêne* qui s'engage dans une encoche qui est, ou sur le pêne, ou sur la gâchette. Mais ce qui caractérise principalement la serrure, et ce qui la rend plus sûre, ce sont les pièces appelées les *gardes* ou les *garnitures ;* ce sont elles qui empêchent de tourner toute clef qui n'a pas certaines entailles.

Explication des pièces de quelques serrures.

Fig. 1. *Serrure d'armoire à pêne dormant très-fort et clef bénarde.* A, la tête du pêne. B, les barbes. C, la coulisse de la gâchette. D, le ressort. I, la gâchette. H, les garnitures. R, l'entrée de la serrure. S, la planchette. G, le profil de la serrure.

Fig. 2. *Bec-de-canne, ressort à boudin, avec gâche.* A, le bec-de-canne. B, le pêne à coulisse. C, le bouton à coulisse. E, l'entrée du bouton à tige. N, le ressort. F, la gâche. H, le profil du bec-de-canne. G, le profil de la gâche.

Fig. 3. *Serrure pour porte cochère à entailler à plat avec gâche à rouleau faufond.* A, le pêne. B, les barbes. C, la coulisse. D, le ressort. H, le bec-de-canne à pompe. K, la gâchette du bec-de-canne. X, l'arrêt du bec-de-canne. Z, les gardes et l'entrée de la serrure. L, le profil.

Fig. 4. *Clef forée.* A, l'anneau. B, la tige. C, l'embase. F, le panneton.

Fig. 5. *Serrure de porte d'entrée pour appartement à double entrée.* A, la tête du pêne. B, les barbes. C, la gâchette. D, le ressort. H, le bec-de-canne. K, la gâchette du bec-de-canne. V, le bouton à coulisse. X, l'arrêt du bec-de-canne. Z, l'entrée extérieure. M, les garnitures et l'entrée intérieure. L, le profil.

Fig. 6. *Clef à bouton.* A, l'anneau. B, la tige. C, l'embase. D, le bouton. F, le panneton. G, les entailles des garnitures.

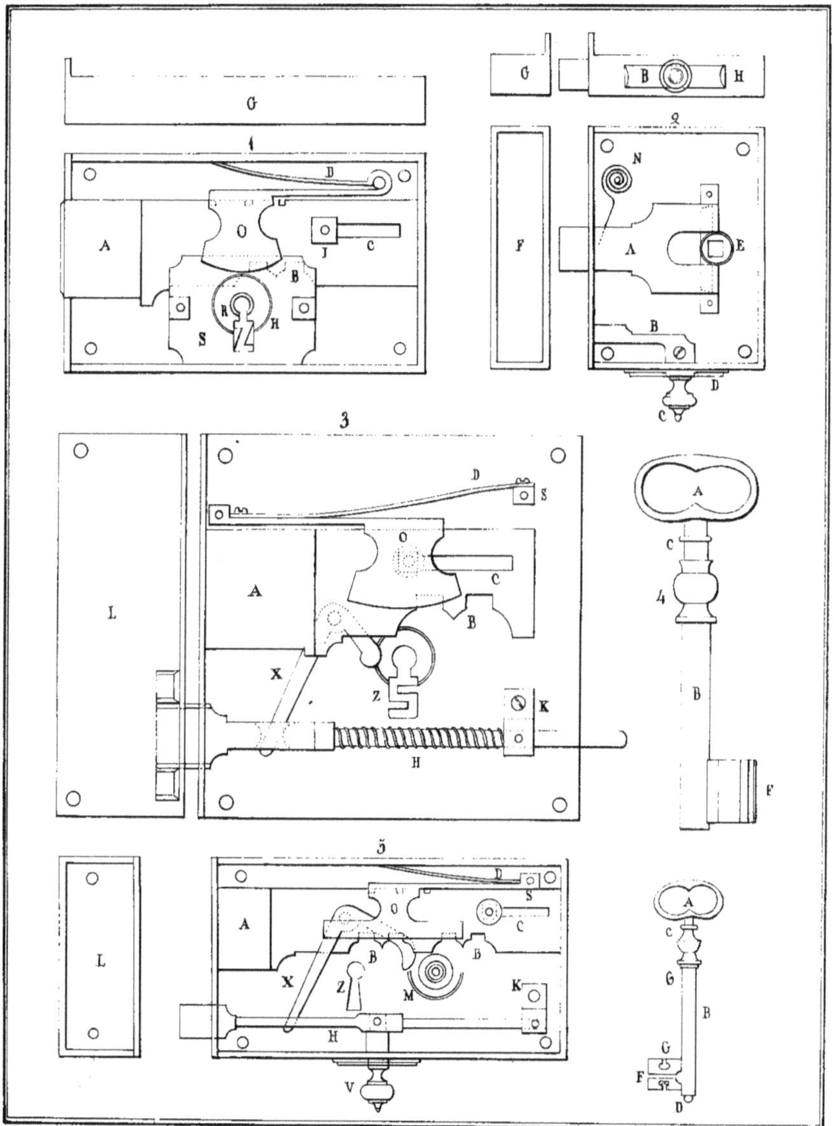

Dessiné par Henry (des Vosges)

Serrures Diverses.

Lith. Hangard-Maugé rue du Bac 36

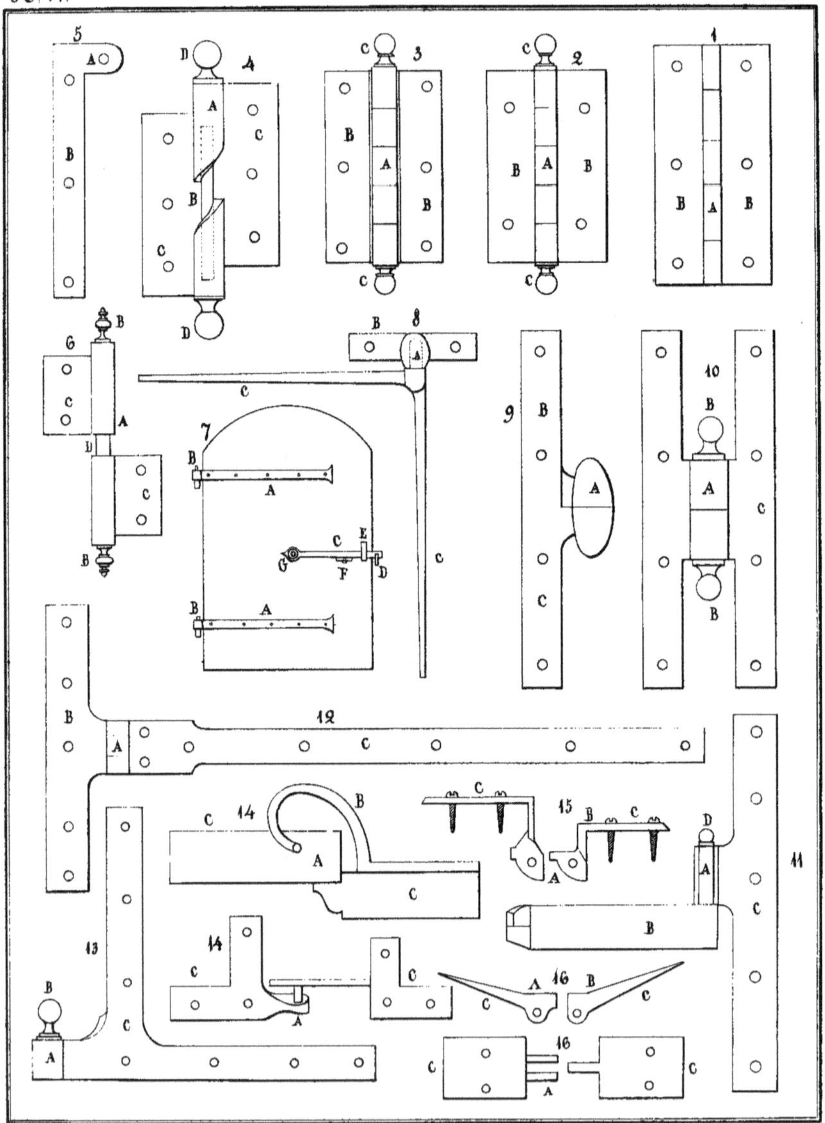

Dessiné par Henry (des Vergers) Lith. Hangard-Maugé rue du Bac, 38.

Charnières Fiches Pivots.

QUATORZIÈME LEÇON.

DES CHARNIÈRES ET DES FICHES.

Pour mettre les portes, les croisées, les volets, les armoires, etc., en état de s'ouvrir et de se fermer, on emploie des charnières ou des pièces qui en tiennent lieu, comme des pentures, des gonds, des fiches, etc.

Voici les principaux ferrements en usage pour suspendre les portes, etc.

Fig. 1. Charnière ordinaire à nœuds ronds. A, les charnons retenus ensemble par une broche qui enfile tous les nœuds. B, les ailerons.

— 2. Fiches ordinaires à deux boules à mortaiser dans l'épaisseur du bois. A, la boîte. B, les ailerons. C, les boules.

— 3. Fiches à deux boules pour ferrer en feuillure. A, la boîte. B, les ailerons. C, les boules.

— 4. Fiches rampantes ou à spirale à deux boules, propres à faire fermer les portes d'elles-mêmes par leur propre poids. A, la rampe. B, le mamelon. C, les ailes. D, les boules.

— 5. Briquets ou pivots doubles. A, le pivot. B, les branches.

— 6. Fiches ordinaires à vases. A, la boîte. B, les vases. C, les ailerons. D, le mamelon.

— 7. Porte ferrée de deux pentures avec gonds et clinche ordinaire. A, les pentures ou paumelles. B, les gonds. C, la clinche. D, le mentonnet. E, la gâchette. G, le clou.

Fig. 8. Pivots pour abattants de siéges d'aisance. A, le pivot. B, la plaque. C, les branches.

— 9. Paumelles doubles avec nœud à olive. A, le nœud. B, les ailerons.

— 10. Paumelles doubles à boules. A, la boîte. B, les boules. C, les ailes.

— 11. Paumelle à gond et à scellement pour persiennes et volets. A, le pivot. B, le gond. D, la boule. C, l'aileron.

— 12. Charnière à T. A, la boîte. B, la tête. C, la queue.

— 13. Pivot à équerre et à boule. A, la boîte. B, la boule. C, l'équerre.

— 14. Pivots montés sur menuiserie ne paraissant pas en dehors. A, le pivot. B, la branche tournante. C, les branches d'arrêt.

— 15. Pivots à pattes et à équerre. A, les pivots. B, les branches. C, les vis.

— 16. Autres pivots à pattes sans équerre. A, les tenons doubles. B, le tenon simple. C, les ailes.

QUINZIÈME LEÇON.

—

DES VERROUS ET TARGETTES.

Les verrous et les targettes fournissent le moyen le plus simple de s'enfermer chez soi ou dans sa chambre. Les VERROUS se composent d'une pièce de fer ronde ou carrée, ayant une certaine longueur et coulant dans deux crampons qui maintiennent le corps des verrous assujettis dans la position qu'ils doivent être : un des bouts du verrou entre tantôt dans un trou fait à une des pierres de l'embrasement de la porte, tantôt dans un crampon, et quelquefois, dans une gâche; ce sont ces crampons et ces gâches qui les tiennent fermés. Au milieu du corps du verrou est un bouton ou une queue qui sert à ouvrir ou à fermer commodément le verrou.

Les TARGETTES sont de petits verrous ; ils reposent sur une platine qui porte les deux crampons ou cramponnets, lesquels servent de coulisse au verrou qu'on mène par un bouton : on attache le plateau de ces targettes sur la menuiserie avec des vis ou des clous.

Explication de quelques verrous et targettes.

Fig. 1 et 2. Verrou ordinaire à tige. A, la tige, ronde ou demi-ronde. B, la tête. C, D, E, les cramponnets. F, le bouton. G, la platine.

— 3 et 4. Verrou à tige ronde, ornements ciselés. A, la tige. D, la tête du verrou. E, les crampons. C, la platine, G, le bouton.

— 5. Verrou à coquille. A, le bouton de la coulisse. B, la coquille. C, la tête du verrou.

Fig. 6. Verrou tige ronde à arrêt. A, la tige. B, la tête. C, la platine. D, les cramponnets. E, le bouton de la queue.

— 7. Targette ordinaire. A, la platine. B, le bouton. C, la tige. D, les cramponnets.

— 8. Verrou de sûreté fermant à l'intérieur. A, la platine. B, la planchette. D, la tige. C, l'entrée de la serrure.

— 9 et 10. Targettes ornées de ciselures. A, la tige. B, la platine. C, D, les ciselures.

QUINCAILLERIE.

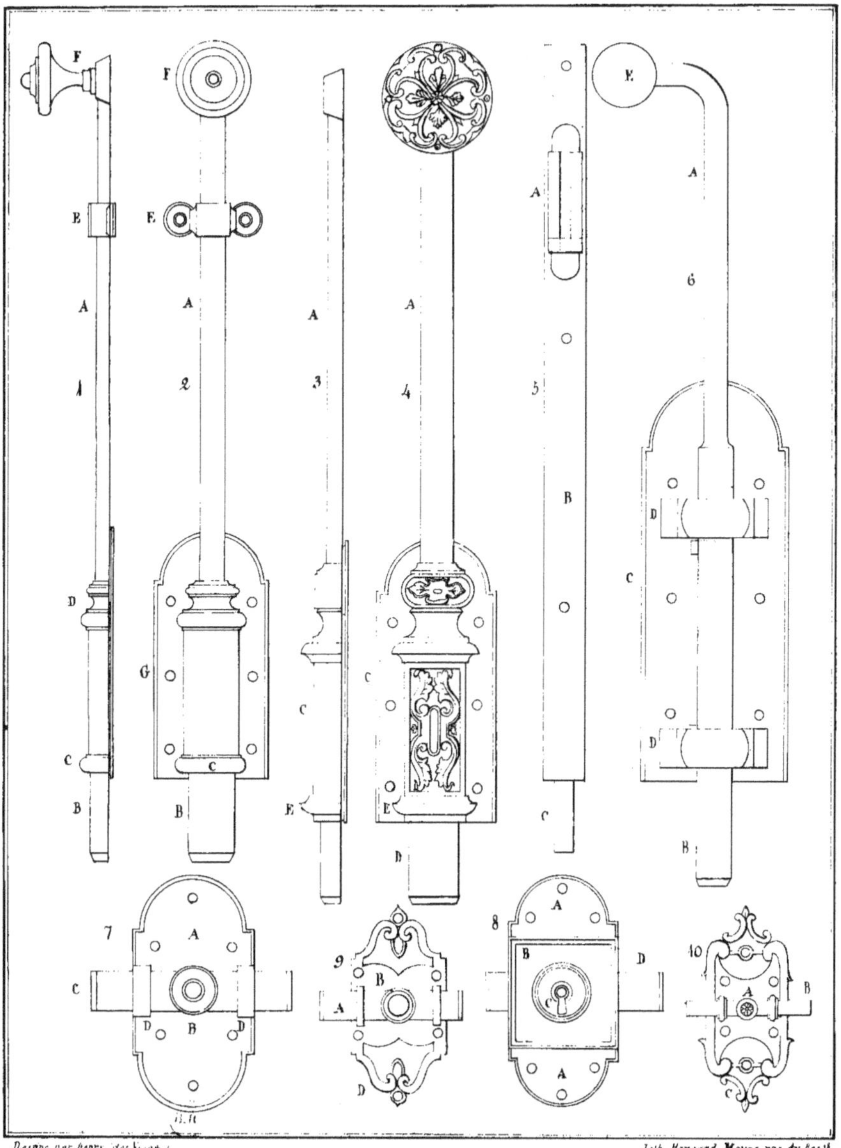

Dessiné par Henry (des Vosges)

Lith. Hangard Maugé rue du Bac 38

Verrous et Targettes.

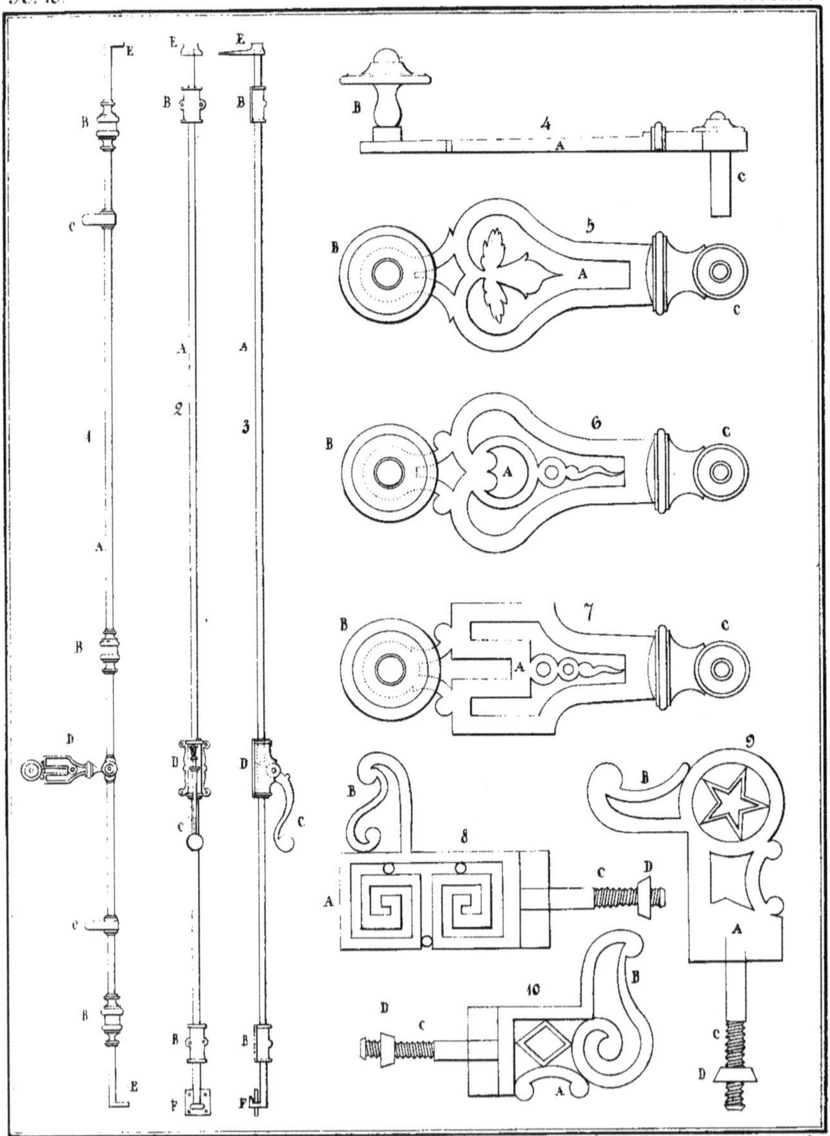

Lith. Hangard-Maugé rue du Bac, 38.

Espagnolettes de Croisées.

SEIZIÈME LEÇON.

DES ESPAGNOLETTES DE CROISÉES.

Les Espagnolettes qu'on emploie pour les croisées, et quelquefois pour les portes cochères, sont des espèces de verrous composés d'une longue tige de fer terminée à chaque bout par un crochet qui entre dans une gâche fixée au dormant de la croisée. La figure 1re représente un ensemble d'espagnolette dont les principales parties sont : A, la tige. B, les vases, entre lesquels sont placés les lacets à vis et écrous. C, les pannetons. D, la poignée. E, les crochets.

DES ESPAGNOLETTES A CRÉMONE.

Les figures 2 et 3 représentent l'élévation et le profil d'une espagnolette à crémone ou à bascule. Les parties de cette nouvelle espèce d'espagnolette sont : A, la tige. B, les cramponnets ou conduits. C, la poignée. D, l'assemblage ou la boîte de la bascule. E, les gâches ou arrêts.

DES POIGNÉES D'ESPAGNOLETTES.

La figure 4 représente le profil d'une poignée d'espagnolette. A, le bras. B, le bouton de la poignée. C, le bouton tournant, fixé dans l'espagnolette.

Les figures 5, 6 et 7 représentent diverses façons de poignées d'espagnolettes évidées.

DES SUPPORTS D'ESPAGNOLETTES.

Les figures 8, 9 et 10 représentent divers supports de poignées d'espagnolettes. A, le support évidé en ornements. B, l'arrêt du support formant mentonnet. C, la vis. D, l'écrou.

DIX-SEPTIÈME LEÇON.

LITS, TABLES ET SIÉGES EN FER.

Les dessins renfermés dans ce tableau et dans les trois derniers, trouvent ici leur place, attendu que l'art du serrurier doit s'appliquer généralement à tous les ouvrages de fer.

ÉLÉVATION D'UN LIT EN FER.

La figure 1re représente l'élévation d'un lit en fer, vu en perspective. A, les pieds. B, les roulettes. C, la traverse du bas du devant. D, la traverse supérieure du pan de devant. E, les enroulements de fer, formant l'ornement de ce pan. F, les dossiers. G, les traverses montantes du dossier. H, les traverses du haut du dossier. I, le fond du lit.

ÉLÉVATION D'UNE TABLE RONDE.

La figure 2 représente l'élévation d'une table-guéridon en fer, avec pieds ornés. A, la table. B, le pied.

ÉLÉVATION D'UNE JARDINIÈRE.

La figure 3 représente l'élévation d'une jardinière Pompadour; c'est une espèce de table creuse, A, dans laquelle on cultive des fleurs. Cette jardinière est soutenue par quatre pieds B en volutes haut et bas, et maintenus ensemble dans le bas par des traverses C, également en volutes, qui soutiennent un vase D, placé au centre.

ÉLÉVATION D'UN FAUTEUIL.

La figure 4 représente un fauteuil avec fond en canne. A, les pieds. B, les traverses. C, les dossiers se réunissant en volutes. D, les bras du fauteuil. E, le fond.

ÉLÉVATION D'UNE BARCELONNETTE.

La figure 5 représente une petite barcelonnette en fer. A, la grande tige courbée en volute. B, le second montant. C, les pieds en consoles. D, la traverse du bas. E, la barcelonnette. F, les tourillons.

ÉLÉVATION D'UN BANC.

La figure 6 représente un banc en perspective. A, les six pieds. B, les traverses. C, le siége en feuillage. D, le dossier. E, les bras. F, les ogives du dossier.

La construction de ces objets ne demande que du goût.

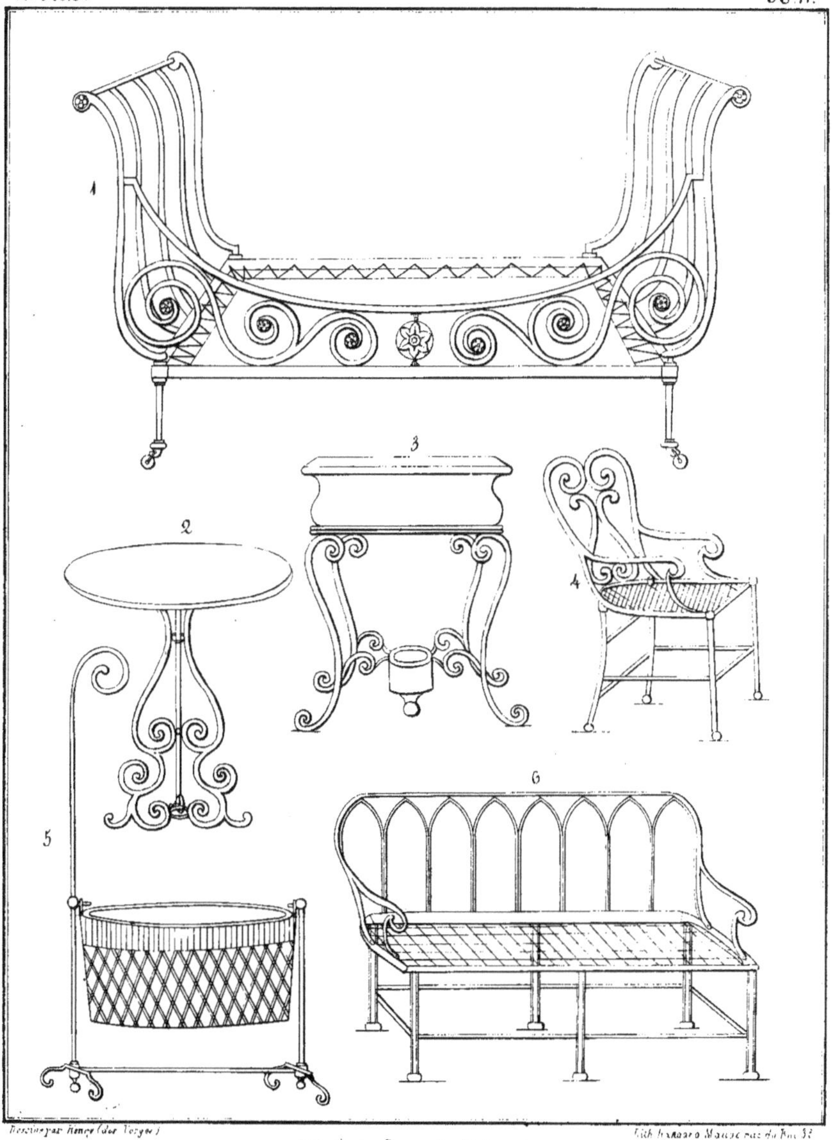

Lit, Chaise, Banc, Jardinière, etc.

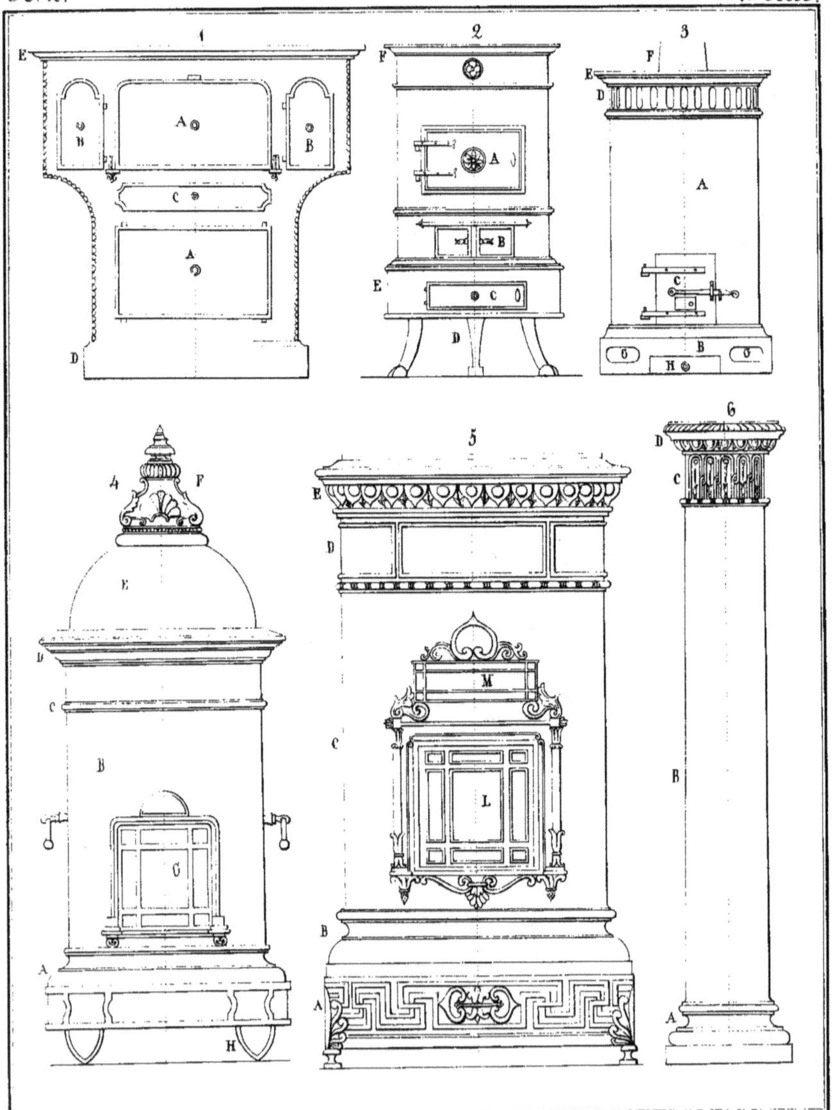

Dessiné par Henry de Vergez. Lith. de Hangard-Maugé rue du Bac 41.

Poêles et Calorifères.

DIX-HUITIÈME LEÇON.

DES POÊLES ET CALORIFÈRES.

La forme des poêles, cheminées et calorifères en fer de tôle ou en fonte, dépend du génie de l'ouvrier; aussi, combien ne voit-on pas, dans les magasins de Paris, de formes variées dont l'exécution ne laisse rien à désirer?

La figure 1re représente un poêle en fonte pour salle à manger. Il est percé, 1° de deux grands coffres A, fermés par des portes ornées de moulures en cuivre; 2° de deux petits autres coffrets B à chaque côté, et fermés par des portes terminées en arc dans la partie supérieure; 3° et d'un petit tiroir C au centre. Le corps de ce poêle, qui repose sur un socle, est évasé par le bas; une corniche E, qu'on pourrait surmonter d'une petite galerie le couronne. Sur les angles des faces il y a un feston en cuivrequi produit un bon effet.

La figure 2 représente un poêle en fonte à piédestal. A, la porte principale du coffre. B, les portes par où l'on insinue les combustibles. C, la petite porte du bas. D, les pieds. E, le socle ou piédestal. F, le couvercle mobile formant corniche.

La figure 3 représente un poêle à galerie. A, le corps rond du poêle. B, le socle. D, le gorgerain percé d'une galerie. E, la corniche. F, le tuyau. C, la porte garnie de ses ferrements. G, les soupiraux.

La figure 4 représente l'élévation d'un poêle calorifère rond, portatif. A, la base ou le socle élevé sur des pieds H. B, le corps du poêle percé d'une porte ornée G. C, l'astragale. D, la corniche. E, le dôme. F. le couronnement du dôme. H, les anneaux ou poignées.

La figure 5 représente un poêle calorifère carré ou rectangulaire pour grande salle. A, le socle orné de palmettes et de guillochis. B, la base. C, le corps ou le fût du poêle percé d'une porte ornée L. D, le gorgerain décoré de bossages. E, la corniche dont le talon est orné d'oves avec dards.

La figure 6 représente l'élévation d'une colonne calorifère. A, la base. B, le fût. C, le gorgerain orné d'enroulements. D, la corniche du chapiteau dont les quarts-de-rond sont ornés d'oves et de feuilles.

Construction.

Pour construire ces différents poêles, il faut tracer une horizontale pour la base et une verticale au milieu, marquer la hauteur de chaque moulure et de chaque membre, profiler et dessiner les ornements tels que l'indique le dessin.

DIX-NEUVIÈME LEÇON.

DES CANDÉLABRES.

La figure 1re représente un chandelier en bronze de grandeur naturelle. Les parties de ce chandelier sont : 1° Le pied A orné de feuilles d'acanthe superposées sur des griffes de lion ; 2° une double scotie B ; 3° la base C ornée de feuillages ; 4° le fût D décoré de cannelures ; 5° le chapiteau E ; 6° la bobèche F en forme de vase, ornée de feuilles, etc.

La figure 2 représente un candélabre moderne en fonte de fer, surmonté d'une coupe. A, le socle. B et C, l'embasement orné de moulures et de feuillages divers. D, le fût. E, le chapiteau. F, la coupe.

La figure 3 représente un candélabre en fonte de fer pour réverbères. Les parties principales de ce candélabre sont : 1° Le pied A qui doit être enfoncé dans le sol ; 2° le piédestal B dont la base est composée d'un tore et d'un filet, et dont la corniche ne renferme qu'un talon avec son filet : 3° la base du fût C, ornée de moulures diverses et de feuillages ; 4° le fût D, qui peut être plus ou moins chargé d'ornements ; 5° et le chapiteau E au-dessus duquel on place le réverbère ou le flambeau selon sa destination.

Construction.

Pour construire les chandeliers et les candélabres, il faut d'abord tracer une horizontale pour la base et une verticale qui partage le candélabre en deux parties symétriques, déterminer ensuite la hauteur de chaque membre et de chaque moulure, tracer des horizontales par tous les points qu'on a déterminés, profiler les moulures et dessiner les ornements tels que le dessin l'indique.

QUINCAILLERIE.

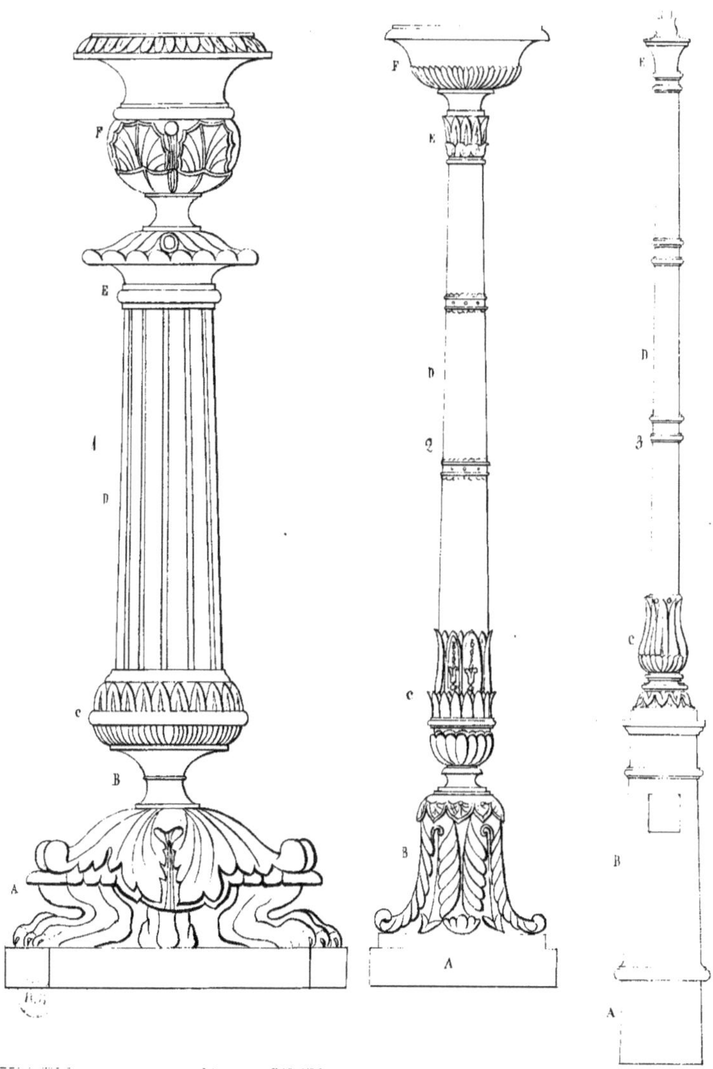

Dessiné par Henry des Vosges

Chandeliers et Candélabres.

Lith. Bayard ...

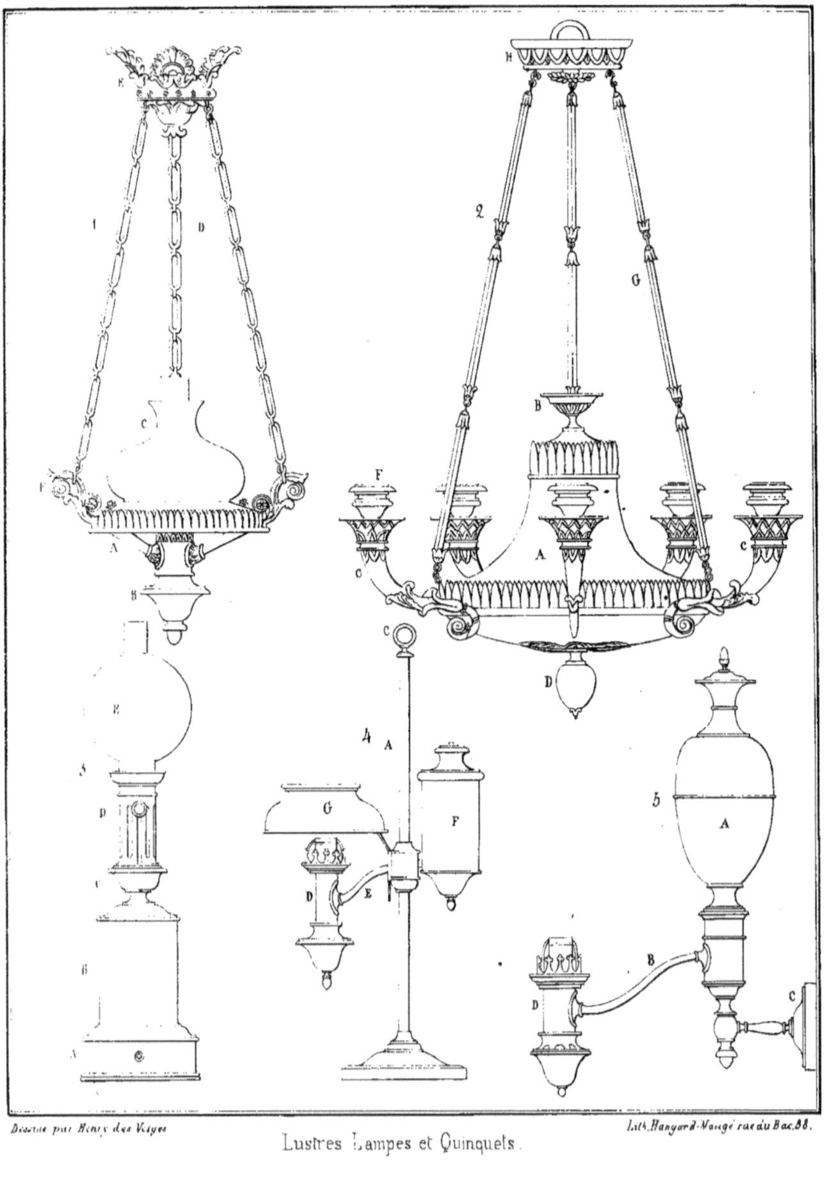

Dessiné par Henry des Vosges — Lith. Hangard-Maugé rue du Bac, 88.

Lustres Lampes et Quinquets.

VINGTIÈME LEÇON.

DES LUSTRES, LAMPES ET QUINQUETS.

La figure 1re représente une lampe à suspension, simple et à un seul bec. Les différentes parties de cette lampe sont : 1° Le *grand cercle* A qui renferme l'huile ; 2° le *cul-de-lampe* B, au-dessous, dans lequel l'huile descend par les conduits ; 3° le *globe* C ; 4° les *chaînons* D ; 5° le *baldaquin* ou *dais* E orné de palmettes diverses ; 6° les *bras* F composés d'enroulements avec feuillages.

La figure 2 représente un lustre à bougie et à six branches. A, le pavillon. B, la coupe ou le couronnement du pavillon. C, les bras garnis d'une bobèche F. D, le cul-de-lampe. G, les chaînons. H, le dais.

La figure 3 représente une lampe dite lampe Carcel. Elle se compose, 1° d'un socle A ; 2° d'un piédestal B ; 3° d'une coupe C ; 4° d'une petite colonne D ; 5° et d'un globe E.

La figure 4 représente une lampe à tige. Les pièces de cette lampe sont : 1° La tige A, élevée sur un piédouche B, et terminée dans le haut par un anneau C ; 2° le vase F ou récipient dans lequel on place l'huile ; 3° le conducteur ou conduit E ; 4° la lampe D ; 5° et l'abat-jour G.

La figure 5 représente un quinquet à vase à un seul bec. A, le vase. B, le conducteur. C. le scellement. D. le quinquet.

Construction.

Pour construire ces différentes lampes, il faut tracer une verticale qui les partage en deux parties symétriques et égales, déterminer et tracer toutes les horizontales nécessaires, et terminer par les ornements qui les décorent.

FIN DE LA QUATRIÈME SÉRIE.

www.ingramcontent.com/pod-product-compliance
Lightning Source LLC
LaVergne TN
LVHW021524140926
848035LV00047B/1187
* 9 7 8 2 3 2 9 5 6 7 4 9 5 *